# A FÓRMULA DOS VENCEDORES

**Diretora**
Rosely Boschini

**Gerente Editorial**
Rosângela de Araujo
Pinheiro Barbosa

**Assistente Editorial**
Juliana Cury Rodrigues

**Controle de Produção**
Fábio Esteves

**Preparação**
Cris Fernandes

**Projeto Gráfico e Diagramação**
Página Viva

**Revisão**
Paula B. P. Mendes

**Capa**
Sergio Rossi

**Imagem da Capa**
Sergio Rossi

**Impressão**
Gráfica Rettec

Copyright © 2018 by Othamar Gama

Todos os direitos desta edição são reservados à Editora Gente.
Rua Wisard, 305 — sala 53
São Paulo, SP — CEP 05434-080
Telefone: (11) 3670-2500
Site: www.editoragente.com.br
E-mail: gente@editoragente.com.br

Dados Internacionais de Catalogação na Publicação (CIP)
Angélica Ilacqua CRB-8/7057

Gama, Othamar
  A fórmula dos vencedores: descubra como desenvolver as competências para estar em primeiro lugar na carreira e na vida / Othamar Gama. - 1ª ed.- São Paulo: Editora Gente, 2018.
   160 p.

ISBN 978-85-452-0249-3

1. Sucesso nos negócios 2. Sucesso 3. Autoajuda I. Título

18-0461                                         CDD 650.1

Índice para catálogo sistemático:
1. Sucesso nos negócios

Dedico este livro a meu pai,
que tanto me inspirou com seus exemplos
de solidariedade e respeito ao ser humano,
e a minha mãe, que com seu amor incondicional
e sua sabedoria me orientou para a vida.

# Agradecimentos

**T**enho um caderno de metas que sempre utilizo perto do fim do ano. Nesse caderno secreto ao qual só eu tenho acesso, sempre escrevo meus objetivos para o ano seguinte nas diversas dimensões da minha vida e, ao final, peço a Deus que me oriente para que meus sonhos se realizem·no tempo certo e da melhor maneira possível. Nos últimos anos tenho colocado como uma das minhas metas principais escrever um livro e até então não havia conseguido realizar esse sonho. Aprendi desde cedo que não conseguimos fazer quase nada sem ter ajuda e que aquilo que realmente importa sempre é feito com amor e com ajuda de outras pessoas. Com este livro não poderia ser diferente: ele só foi possível graças ao apoio que recebi de muitas pessoas queridas, entre elas minha esposa Ana Raquel que me ajudou desde o primeiro momento, participando ativamente em todas as etapas desde as discussões iniciais até o final,

## **Agradecimentos**

sua sensibilidade e seu entusiasmo com o projeto do livro foram fundamentais.

Quero agradecer a minha filha Caroline pelo seu apoio na edição e sugestões pertinentes à execução dos textos e, principalmente, por sua boa vontade em ajudar a qualquer momento.

Quero fazer um agradecimento especial a minha filha Sophia, que com apenas 7 anos já conseguiu me ensinar tantas lições de vida com a pureza da sua inocência.

Agradeço ao meu filho Othon, por ter me incentivado para que eu escrevesse esse livro e com seu entusiasmo contagiante ajudou a tornar realidade esse projeto, com seu exemplo me fez seguir seus passos.

Agradeço a minha nora Carol Cury por ler a primeira versão do livro e por seus comentários, sua disponibilidade e boa vontade foram fundamentais.

Agradeço aos meus filhos Othamar Filho, Thamara e Thiane que, pelas suas histórias de vida, são exemplos de competências que cito neste livro.

Eu me considero um homem de sorte, pois tenho a agradecer até a minha sogra Maria José, por seu apoio essencial em nossa família.

Se você quiser realmente conhecer uma pessoa, trabalhe com ela. Trabalhar há vinte anos com uma mesma

### Othamar Gama

equipe como a da Fundação Otacílio Gama é um grande privilégio, pois são pessoas comprometidas com uma causa e que fazem a diferença. Agradeço a todos da Gama: Ana, Duda, Renato, Walter Junior, Fernando, Ligia, Ivanildo (em memória) e a todos os outros que participaram e participam desse projeto. O trabalho de vocês engrandece o Brasil. Obrigado.

Agradeço ao professor Onacir Carneiro Guedes por seu incentivo num momento tão importante de minha vida.

Agradeço a Aramis, Walter e a todos os ex-alunos que hoje trabalham conosco, que, com suas histórias, colaboraram para este livro, e também aos milhares de alunos que passaram pela nossa fundação ao longo desses vinte anos e tanto nos ensinaram com suas histórias de vida.

Quero agradecer à Editora Gente pela forma profissional e acolhedora com que fui recebido por Rosely Boschini, Ricardo Shinyashiki, Roberto Shinyashiki e Arthur Shinyashiki. Fiquei muito impressionado com a energia positiva de todos vocês. Agradeço a Rosângela Barbosa e a toda a equipe de profissionais da Editora Gente que, de maneira competente, ajudou a transformar meu sonho em realidade.

# Sumário

**Prefácio** .................................................................. 12

**Apresentação** ......................................................... 16

**Introdução**
Em busca de ajuda ................................................. 18

**Capítulo 1**
Podemos escolher nossos
pensamentos ........................................................... 36

**Capítulo 2**
Tomando decisões ................................................. 48

**Capítulo 3**
As competências dos vencedores ................. 56

**Capítulo 4**
O poder da boa vontade ................................64

**Capítulo 5**
A coragem não é o contrário
do medo ........................................................72

**Capítulo 6**
Um ideal que resiste ..................................... 86

**Capítulo 7**
Otimismo, nossa força propulsora ...............96

**Capítulo 8**
A fé remove montanhas ..............................110

**Capítulo 9**
O segredo dos fortes ...................................118

**Capítulo 10**
O espelho da autoestima ............................128

**Capítulo 11**
O motor da vida .............................................. 134

**Capítulo 12**
Solidariedade, uma bênção
para a humanidade ........................................ 144

**Conclusão** ................................................... 152

**Caderno das Competências** ................ 156

# Prefácio

Eu me recordo de que certa vez estávamos meu pai e eu brincando na nossa cidade natal, João Pessoa. Eu devia ter uns 7 anos e, como toda criança saudável, adorava brincar, explorar, questionar e testar. Logo avistei um muro pouco mais alto do que eu e, afoito, decidi subir. Escalei com dificuldade, consegui me equilibrar e depois caminhar com os braços abertos. Quando desci suado e ofegante, comemorei aquela pequena conquista com meu pai. Podia até parecer pequena para o mundo, mas para mim, naquele momento, era uma grande conquista: parecia que tinha escalado o Everest.

    Não entendia a sabedoria que havia por trás da atitude de meu pai. Durante toda a escalada ao meu monte Everest, ou seja, o pequeno muro da rua, meu pai me seguia de perto, em nenhum momento brigou ou disse que eu não era capaz. Estava atento para me segurar caso eu caísse. Agia

## Othamar Gama

como uma daquelas redes de proteção que os trapezistas utilizam nos circos: caso desse errado, estava perto para me segurar, porém sempre me incentivava a ir mais longe. Apenas muitos anos depois fui começar a entender quão sábia foi aquela atitude e incentivo despretensioso.

E assim foi durante toda a minha trajetória: ele me ensinou a acreditar nos meus sonhos e me ajudou a desenvolver competências pessoais necessárias para que eu pudesse realizá-los com empenho e persistência, com disciplina e dedicação.

Fiquei muito feliz pelo convite para escrever este prefácio, pois escutei desde criança que era um sonho dele publicar um livro. E qual filho não se enche de alegria ao participar da realização de um sonho paterno?

Hoje sou escritor, palestrante e mentor de atletas de alta performance e líderes empresariais, ajudo essas pessoas a viverem o seu máximo potencial. Meus livros são publicados no Brasil e na Europa, em minha carreira já ministrei palestras para um público superior a 100 mil pessoas.

Escrevo isso porque sempre fui uma criança normal, como as outras, não fui o melhor aluno nas disciplinas da escola nem nos esportes ou na arte. Sempre estive nas posições médias em relação à vida acadêmica, mas tive desde cedo orientação de meu pai para a necessidade de

# Prefácio

desenvolver autoconfiança, autoestima, coragem e otimismo. Posso afirmar com convicção que esses ensinamentos foram fundamentais para o meu desenvolvimento pessoal.

Acho importante contar para os leitores que hoje, aos 29 anos, consegui algumas realizações importantes na minha vida porque aprendi e vivi na prática as competências que este livro aborda.

Esta obra do escritor Othamar Gama alia duas vertentes incríveis e difíceis de se conjugar: a experiência prática e o conhecimento teórico, encontrados na mesma pessoa de um empreendedor com larga experiência em gestão, um estudioso e apaixonado, sempre em busca do conhecimento e do desenvolvimento pessoal. Ele mostra com seu exemplo de vida como educador que é possível ajudar as pessoas a fazer o bem, ensinar as crianças humildes e os jovens a se tornarem vencedores na vida, ajudar o Brasil na formação de médicos e profissionais de saúde mais humanizados, divulgar seus pensamentos em púlpitos de universidades pelo Brasil e pelo mundo. Tudo isso faz desta narrativa um livro inspirador, daqueles que lemos de uma vez só e devemos guardar na cabeceira da cama.

Ainda hoje, quando me deparo com uma situação difícil na vida, não hesito em utilizar a sabedoria contida nas histórias explanadas nas próximas páginas.

### Othamar Gama

É, portanto, uma obra para todos aqueles que querem se desenvolver enquanto pessoa e também aplicar estes conhecimentos no desenvolvimento dos seus filhos, dos seus colaboradores e na sociedade como um todo.

Afinal, existem muitos diamantes brutos por aí, que podem ser seus filhos, você mesmo ou seus funcionários, e poucos especialistas em lapidação para libertar o brilho deles. Este livro veio para equalizar essa questão. Uma excelente leitura.

Othon Gama
Escritor

# Apresentação

Escrevi este livro com o objetivo de inspirar as pessoas e também mostrar que podemos criar nosso destino e construir o futuro que desejamos.

Faço referência à palavra *construir* porque, para se construir qualquer coisa, precisamos antes planejar, utilizar as ferramentas certas e trabalhar com esforço concentrado na execução do nosso projeto. Foi por meio de experiências de vida que pude observar a necessidade de conhecer nossas competências pessoais e, a partir daí, decidi escrever este livro que mostrará, numa linguagem simples, informações que poderão ajudar todos aqueles que desejam obter sucesso em sua carreira e em sua vida.

Tentarei responder a perguntas que fazemos no nosso dia a dia, como por exemplo: "Por que algumas pessoas conseguem sucesso e outras não?", "Por que muitas vezes os melhores alunos não são os melhores profissionais?", "Por que a vida parece mais difícil para uns do que

## Othamar Gama

para outros?", "Por que algumas pessoas têm tanta sorte?", dentre outras.

Procurei responder a essas perguntas contando histórias e mostrando que todos nós possuímos competências pessoais que, quando desenvolvidas, podem fazer uma grande diferença na nossa vida e na nossa carreira. Colocar sua atenção nessas competências fará você refletir sobre elas. Este será o primeiro passo para iniciar sua caminhada em direção ao sucesso. Depois será preciso agir, trabalhar internamente para atingir pequenas metas que aos poucos vão consolidar mudanças de atitudes fundamentais para iniciarmos nossa jornada de realização pessoal.

Recomendo a leitura deste livro a pessoas de todas as idades: tanto para os jovens que desejam escolher uma profissão e precisarão reconhecer quais são suas competências pessoais, quanto para os que já têm uma profissão e precisam melhorar seu rendimento no trabalho. Com esta obra pretendo também ajudar os que buscam seu primeiro emprego ou desejam melhorar suas relações pessoais, os pais que, na árdua tarefa de criação dos seus filhos, precisarão ajudá-los no desenvolvimento e fortalecimento dessas competências e, enfim, para aqueles que não desistiram de ir em busca do sucesso e acreditam que toda mudança começa na nossa forma de pensar.

Boa leitura!

# Introdução

# Em busca de ajuda

"Nada lhe posso dar que já não exista em você mesmo. Não posso abrir-lhe outro mundo de imagens, além daquele que há em sua própria alma. Nada lhe posso dar a não ser a oportunidade, o impulso, a chave. Eu o ajudarei a tornar visível o seu próprio mundo, e isso é tudo."

Hermann Hesse, escritor

Quando tinha 11 anos, perdi meu pai. Depois de quase dois anos de sofrimento com um grave câncer que lhe atingiu a garganta, num certo dia daquele ano triste, ele se foi.

Minha família, formada por ele, minha mãe, eu e meus três irmãos, ficou incompleta. Perdi minha referência no mundo, meu ídolo de infância, meu companheiro de brincadeiras aos finais de semana. Eu, em minha inocência, acreditava que a qualquer momento meu pai se recuperaria e, então, em breve, eu voltaria a pescar de rede de arrasto com ele, na praia do Bessa, na cidade de João Pessoa, onde morávamos.

Pensava que não demoraria para que mais uma vez

fôssemos colher caju e araçá nas matas perto de nossa casa de veraneio e depois acompanhá-lo no duro trabalho da distribuidora de revistas que possuíamos. No entanto, nada disso voltaria a acontecer e, mesmo com o apoio da minha família, eu agora era um menino solitário.

    Minha mãe, forte e corajosa, continuou a cuidar de mim, dos meus irmãos e da casa. Meu irmão mais velho, Tasso, quando não estava estudando engenharia civil, tomava conta do negócio da família. Minha irmã Nadma, também mais velha, ajudava a mamãe em casa e passou a trabalhar na nossa distribuidora de revistas. Meu irmão Omar também ajudava na distribuidora. Eu, sendo o caçula, desde cedo gostava de ir para o trabalho e ficava tentando aprender algumas tarefas durante a tarde, depois de voltar da escola matutina.

    Foram três anos vivendo assim, de manhã ia para a escola e à tarde para a distribuidora. Sempre tinha dinheiro no bolso para lanchar, ir ao cinema e também comprar doces. Nossa empresa ficava ao lado da loja Mundo dos Chocolates, talvez por isso eu estivesse sempre acima do peso.

    Convivia com os funcionários da distribuidora e com os jornaleiros que vendiam revistas pelas ruas, tinha amizade com os camelôs que faziam ponto perto do nosso escritório, conhecia todo mundo por ali. Confesso que era uma vida boa, achava divertido trabalhar. Às vezes, chegava o

# Introdução

caminhão com revistas no sábado à noite e íamos, eu e meus irmãos, descarregar as revistas novas que seriam distribuídas na segunda-feira. Quando acabávamos, exaustos, depois de subir com pacotes e pacotes de 10 quilos cada por vários andares de escadas, em diversas viagens, íamos comer um cachorro-quente com caldo de cana.

Eu gostava muito de ler gibis, fotonovelas, livros de bolso de bangue-bangue e aventura, revistas com letras de músicas, tudo o que aparecesse pela frente.

Exatamente três anos depois que meu pai morreu, cancelaram nosso contrato de distribuição de revistas de modo unilateral, sem nenhum aviso, simplesmente mandaram entregar as revistas da semana ao nosso concorrente. Haviam de repente tirado todo o sustento da nossa família.

Meu irmão Tasso teve de vender o carro da família para começar um novo negócio totalmente diferente do que fazíamos. Ele comprou um caminhão caçamba velho, que vivia quebrando. Passamos por momentos difíceis, com sérios revezes financeiros, mas nunca vi ninguém da minha família reclamar de nada. Cada um fazia sua parte e enfrentava a crise com força e dignidade. Não havia mais dinheiro para o cinema nem para o lanche. Eu, pelo menos, tinha uma paixão: o judô. Treinava todos os dias, e, após o judô, comecei a ter novos objetivos na vida: treinar, participar de torneios e vencer.

# Othamar Gama

Em 1976 já era reconhecido como um atleta com grande potencial. Consegui bolsa de estudo no colégio e na academia, o que ajudou muito no orçamento da família. Aos 17 anos passei a ensinar judô às crianças da escola em que estudava. Descobri que tinha aptidão para fazer aquilo, me sentia muito bem incentivando as crianças a desenvolverem habilidades no esporte. Os pais dos alunos gostavam de meu trabalho e frequentemente iam assistir às aulas que dava aos seus filhos. Foi aí que surgiu minha primeira oportunidade de empreender.

A comercialização de quimonos na cidade era muito precária. Muitos pais me procuravam para perguntar se eu sabia onde eles poderiam comprar o uniforme do judô. Então, disse a eles que, se quisessem, eu poderia mandar fazer. Como havia demanda, contratei uma costureira para fazer os quimonos. Ela ia até o local da aula, tirava as medidas dos alunos, eu mesmo comprava o tecido e vendia os quimonos para os pais. Comecei a ganhar o meu próprio dinheiro e achei isso maravilhoso!

Eu, como a maioria dos jovens que estava perto de fazer 18 anos, não sabia ainda que profissão seguir ou que competências eu precisaria ter para alcançar sucesso na vida. Até então, a única coisa que eu gostava de fazer era lutar judô e dar aulas para as crianças. No entanto, eu queria

# Introdução

mais do que dar aulas. Desejava ter uma profissão de sucesso, ser reconhecido, ganhar dinheiro. O problema era: onde e com quem buscar ajuda? Na escola só ensinavam as matérias do currículo obrigatório: Matemática, Português, Física, Química, Biologia, Inglês etc. Nada me ensinava a tomar decisões ou a empreender. O que eu sabia só servia para o vestibular ou para prestar um concurso de nível médio.

Aos domingos era costume ir à igreja e ouvir o sermão do padre. Porém, por mais que eu prestasse atenção, não entendia como poderia aproveitar as palavras dele de maneira que me mostrassem algum caminho na vida prática. Eu precisava de uma orientação, queria um rumo, uma palavra que me ajudasse a ir em busca da realização dos meus sonhos. Eu sentia a necessidade de aprender alguma coisa que me ajudasse a chegar mais longe. Embora gostasse da minha vida, queria melhorar, alçar voos mais altos, mas não sabia por onde começar. Assim como eu, meus colegas também estavam sem rumo definido.

## Quem procura acha!

O ditado de quem procura sempre encontra se provou verdadeiro. Certo dia, fui participar de um torneio de judô em Belo Horizonte. Saí sozinho em um dia de folga após a competição e fui passear pelo centro da cidade. Entrei em uma livraria e o título de um livro chamou minha atenção: *O homem é aquilo que ele pensa*, de James Allen, que logo iria se tornar meu livro de cabeceira.

Ainda hoje lembro que abri o livro em uma página aleatória e o que estava escrito chamou-me de tal maneira que pareceu um sinal: "Bons pensamentos e boas ações não podem produzir resultados ruins; maus pensamentos e más ações não podem produzir resultados bons". Comprei meu primeiro livro de autodesenvolvimento, o que depois vim a ter certeza de que foi uma decisão muito importante para minha vida. Posso dizer até que foi um divisor de águas. Com uma linguagem fácil e prática, passava informações preciosas a respeito do pensamento que eu nunca ouvira em lugar algum. A partir de então não parei mais de buscar conhecimentos que ajudassem a me tornar uma pessoa de sucesso. Logo depois encontrei livros sobre pensamento positivo, sobre as leis do sucesso, sobre o poder do subconsciente e do magnetismo pessoal.

Em pouco tempo eu conseguira uma longa lista de livros que realmente me ajudaram a ver o mundo de modo diferente, a tomar decisões e a enfrentar as dificuldades com mais coragem e otimismo. Estavam nos livros as palavras e as orientações que eu tanto procurava.

Terminei o ensino médio e, enquanto me preparava

Estavam nos livros as palavras e as orientações que eu tanto procurava.

para o vestibular, já decidira fundar minha primeira empresa: uma academia de judô cujo nome seria "Judô Clube Hipopótamo" – pensei nesse nome porque o hipopótamo é um animal pesado, estável e difícil de derrubar.

Precisava encontrar um lugar para alugar, mas havia um grande obstáculo pela frente: eu não tinha crédito, então seria dificuldade na certa. No entanto, o universo conspirou a meu favor. Eu não sabia, mas a casa que eu queria alugar pertencia ao diretor da escola em que estudei durante toda a minha vida. Ele confiou em mim e alugou sem nem sequer fazer contrato, apenas a minha palavra e a dele.

Passei um ano e meio administrando meu primeiro empreendimento. Eu era um faz-tudo. Dava aula, atendia telefone, preenchia fichas na recepção e também fazia a limpeza do local todos os dias. Foi uma experiência extremamente importante para minha carreira de empreendedor e lá também tive a primeira oportunidade de fazer um trabalho social.

Todos os dias, enquanto ministrava aula aos meus alunos, percebi que duas crianças de aparência bastante humilde ficavam observando desde o início, quase sem piscarem. Certo dia, quando eu havia acabado a aula com uma turma, perguntei se eles queriam aprender judô. Mais do que depressa responderam afirmativamente. Disseram,

# Introdução

porém, que não tinham condições de pagar. Eu nem precisava que eles me dissessem que não tinham dinheiro. Era só olhar para eles. Porém, os olhos dos meninos brilhavam a cada movimento que os alunos faziam em aula. Então, fiz a seguinte proposta: eu forneceria o quimono e eles fariam as aulas. Em troca, varreriam a academia no fim do dia. Entusiasmados, aceitaram no mesmo instante.

Ao olhar para os garotos, me senti leve, feliz. Acabara de dar uma oportunidade para que aqueles meninos realizassem seus sonhos, tivessem esperança no futuro e pudessem se tornar bons atletas. Era uma porta que se abria para eles.

Tudo o que vai, volta, não é mesmo? Pois recentemente eu estava sendo entrevistado por uma emissora de televisão e, no final, quando as câmeras foram desligadas, o cinegrafista que estava filmando veio falar comigo e me agradeceu pela oportunidade que eu lhe dera, colocando-o para treinar judô quando criança. Disse ainda que aquele gesto mudara a vida dele e que o colega daquela época se tornara mestre de obras e era um profissional bem-sucedido, realizado. Você não imagina que sensação maravilhosa tomou conta de mim. Naquele momento reconheci a importância de minha primeira experiência de responsabilidade social.

Voltando à minha trajetória, decidi fechar a academia

## Othamar Gama

quando passei no vestibular para cursar Engenharia Civil. No mesmo ano também passei na prova do Núcleo de Preparação de Oficiais da Reserva (NPOR), do Exército. Foi um período de grande aprendizado e, mais do que nunca, precisei dos ensinamentos dos meus livros para enfrentar os desafios que surgiam dia a dia.

Hoje ainda me pergunto quantos milhões de jovens estão na mesma situação em que eu já estive, com acesso apenas ao conhecimento teórico, sem nenhuma informação que possa ajudar na vida prática.

Pouco se fala sobre a importância do desenvolvimento de competências pessoais, determinante para fazer a diferença entre sucesso e fracasso. É importante dizer que não há escola que ensine essas competências tão essenciais para nos tornarmos vencedores.

Para quem teve dificuldade em obter respostas de onde buscar ajuda para entender e aprender sobre essas competências pessoais, ainda hoje são pouquíssimas as escolas que oferecem práticas pedagógicas que estimulam os alunos de modo integral, oferecendo autonomia e contribuições para que cada pessoa se torne um profissional bem-sucedido, feliz, realizado, que pode dizer que venceu na vida. Enquanto o mercado de trabalho busca competências e conhecimento, continuamos com sistemas de ensino que apenas trabalham

# Introdução

o conhecimento e se esquecem de trabalhar competências fundamentais para o sucesso na vida.

Precisamos trabalhar internamente para conseguir fazer brotar dentro de nós competências fundamentais como boa vontade e perseverança, otimismo e coragem. Precisamos ter vontade de vencer, sem nos assustar com os obstáculos. Não estou falando que devemos desprezar ajudas externas ou conhecimento científico. O que quero dizer é: se não nos prepararmos internamente, conhecendo e desenvolvendo nossas competências pessoais, as oportunidades passarão invisíveis aos nossos olhos.

O que aprendi ao longo dos anos é que não existem obstáculos intransponíveis. A ajuda para superá-los pode vir em forma de livros, palestras, filmes, conselhos ou organizações que disponibilizem esse conhecimento. O que importa é que ela toque a nossa alma, nos faça refletir e nos leve a tomar decisões mais acertadas.

Não podemos deixar que informações equivocadas tomem conta do nosso pensamento. Quando somos tragados pelas tarefas do dia a dia, não temos tempo de formar nossos próprios pensamentos e nos apropriamos do pensamento da maioria das pessoas, adquirindo desejos e medos coletivos. Assim, seguimos sem rumo, pois não sabemos aonde queremos chegar. A mídia, a internet, as

Acabara de dar uma oportunidade para que aqueles meninos realizassem seus sonhos, tivessem esperança no futuro e pudessem se tornar bons atletas. Era uma porta que se abria para eles.

# Introdução

redes sociais, a televisão, o rádio e outros tantos veículos de comunicação passam a balizar nossos sonhos e construímos dentro de nós mesmos crenças equivocadas sobre o que podemos ou não ser ou até onde poderemos chegar. E isso é algo que nunca aceitei!

Quando faltavam dois meses para terminar minha graduação em Engenharia Civil, eu já completara 23 anos e fazia estágio numa das maiores construtoras do Brasil. Já criara meu segundo negócio, um pequeno comércio de cimento que, a propósito, não ia muito bem, o que não me impedia de sonhar alto. Queria ser um grande e respeitado empresário.

Certo dia, após um ano de estágio, o engenheiro responsável pela obra me chamou até a sala dele para conversarmos. Disse-me que tinha uma ótima notícia para mim: eu seria contratado como engenheiro assim que me formasse. Claro que fiquei feliz com o reconhecimento e com os elogios feitos pelo superior, competente, com vasta experiência e há anos no mercado. O que ele não imaginava era qual seria a minha resposta. A minha resposta pegou-o de surpresa. Agradeci pelo convite, mas disse que queria ter minha própria empresa. Sabendo de minhas dificuldades financeiras, ele falou que eu deveria pensar melhor, que estava jogando fora uma grande oportunidade, que não era fácil conseguir um emprego como aquele.

# Othamar Gama

Tomar a decisão naquele momento não foi fácil. Eu já tinha um filho com 1 ano para criar e não havia ninguém para me ajudar no sustento dele. A decisão exigiu coragem de minha parte e, mais do que isso, a crença nos meus sonhos. Foi uma atitude que seria o divisor de águas para o meu futuro como empreendedor.

Anos depois, já consolidado como empresário de sucesso, decidi criar uma fundação sem fins lucrativos para ajudar crianças em situação de risco. Queria passar para essas crianças o que aprendi para vencer na vida, o que nenhuma escola ensinaria. Acreditava que por meio do esporte eu poderia fazer com que essas crianças descobrissem a autoconfiança, a perseverança, a importância do trabalho em equipe, o valor da disciplina. Nomeei o projeto Fábrica de Vencedores.

Criei a Fundação Otacílio Gama em homenagem ao meu pai, uma organização sem fins lucrativos que existe há vinte anos e que durante todo esse tempo tem transformado a vida de crianças que se encontram em situação de risco por meio da prática de esportes e cultura, utilizando conceitos da psicologia positiva para desenvolver, a partir dessas práticas, as competências de vencedores.

Quando criança, me recordava de ver meu pai em sua distribuidora dando oportunidade às crianças da rua,

Precisamos trabalhar internamente para conseguir fazer brotar dentro de nós competências fundamentais como boa vontade e perseverança, otimismo e coragem. Precisamos ter vontade de vencer, sem nos assustar com os obstáculos.

## Othamar Gama

para que pudessem vender revistas e começar a vida como ele mesmo começara, vendendo jornais. Meu pai, com muita paciência, dava conselhos àqueles meninos e os incentivava contando sua própria história. A oportunidade mudou a vida daquelas crianças, e eu pude constatar, posteriormente, que muitos venceram na vida graças a um pequeno gesto de incentivo que receberam.

Com o propósito de seguir o exemplo do meu pai, iniciei as atividades da Fundação Otacílio Gama. Eu queria não só imortalizar seu nome, mas também seus exemplos.

Neste livro, quero mostrar que existem competências que podem ser desenvolvidas ou cultivadas em nossa mente, para que tenhamos uma vida plena, com conquistas importantes para realização dos nossos sonhos. Se, ao longo desta leitura, você puder desenvolver uma ou mais das competências que serão abordadas aqui, certamente terá poderosas ferramentas que o ajudarão a tomar as decisões certas para seguir o caminho do sucesso pessoal e da prosperidade, para que, assim como eu, você possa ser construtor e herói da sua própria história.

# Capítulo 1

# Podemos escolher nossos pensamentos

"A nossa vida é aquilo que os nossos pensamentos fizerem dela."

Marco Aurélio, imperador

Imagine que vai preparar uma refeição para você e sua família, então pega uma panela e começa a colocar os ingredientes, escolhendo apenas produtos de péssima qualidade, amargos, azedos, estragados e podres. Em seguida, você convida seus entes queridos para se alimentar com a refeição que você preparou e, dia após dia, continua com esse mesmo procedimento de preparo de refeições.

O que se pode esperar disso? Certamente todos vão adoecer! Podemos dizer: "Isto é um absurdo! Ninguém em sã consciência faria uma coisa dessas". Infelizmente, fazemos isso todos os dias com nossos pensamentos. Colocamos os piores ingredientes na nossa mente, tais como medo, inveja, desespero, desconfiança, raiva, depois distribuímos tudo isso em forma de emoções. A verdade é que temos obrigação de ser seletivos com os pensamentos que vamos colocar na nossa mente. Não devemos manter nosso foco em notícias que vão intoxicar nosso espírito e envenenar nossas emoções. Temos a capacidade de escolher para onde dirigir nossa atenção.

## Quais serão nossas prioridades?

Não conseguimos ver as ondas do rádio, da televisão, do wi-fi, mas sabemos que existem e que precisamos do equipamento correto para sintonizar cada uma delas.

Assim como esses aparelhos e essa tecnologia de comunicação, nossa mente tem a capacidade de sintonizar as ondas de pensamento que circulam no ambiente. De modo automático, entramos em sintonia com pensamentos semelhantes ao que produzimos. Precisamos, portanto, ter muito cuidado com os tipos de pensamento que deixamos frequentar nossa mente, pois a partir daí atraímos pessoas e eventos para o nosso dia a dia.

Cuidar dos nossos pensamentos é tão essencial quanto cuidar da saúde do corpo físico. Podemos estabelecer metas diárias para semear pensamentos positivos na nossa mente. Da mesma forma que uma conta bancária, devemos no fim do dia ter sempre um saldo positivo na nossa poupança

## Podemos escolher nossos pensamentos

mental. Fazer isso requer bastante esforço no início, mas depois os dividendos da nossa própria conta se tornarão valiosos para a construção do sucesso pessoal.

 O que devemos fazer então para evitar o acúmulo de pensamentos negativos? Em primeiro lugar será preciso reconhecer que podemos mudar nossa forma de pensar, e que essa mudança só depende de nós mesmos. Nossos pensamentos positivos, saudáveis, são o remédio para o negativismo que pode invadir nossa cabeça e pôr todos os nossos sonhos e as nossas lutas a perder.

 Se há algo a que devemos estar sempre atentos é na nossa qualidade de vida mental, social e física. Se há algo que não está indo muito bem, é necessário fazer uma reflexão para saber o que precisa ser mudado. Não adianta colocar a culpa na família, nos amigos, no seu chefe, na empresa ou em quem quer que seja. Só há uma pessoa que pode mudar o mundo ao seu redor: você mesmo. Como? Mudando sua maneira de reagir a tudo que acontece. Como fazer isso?

 Antes de começar a questionar suas reações, é preciso entender que seu poder de decisão está dividido entre a razão e a emoção, e um sempre influencia o outro. Precisamos pensar antes de agir, perceber se nossa reação vem com objetivo definido e uma expectativa positiva. Por que tendemos a explodir em determinadas situações?

Colocamos os piores ingredientes na nossa mente, tais como medo, inveja, desespero, desconfiança, raiva, depois distribuímos tudo isso em forma de emoções.

## Podemos escolher nossos pensamentos

Qual nosso objetivo ao falar mais alto ou mais baixo com alguém? A expectativa por trás da nossa reação é tentar nos proteger ou acreditamos que é possível uma relação de cooperação com o outro? Só com essa aguda observação teremos possibilidades de mudança.

A verdade é que atualmente temos pouco tempo para olhar para dentro de nós mesmos. Na maior parte dos nossos dias estamos envolvidos na tomada de decisões, das mais simples às mais complexas. Cultivar o mau humor, ser grosseiro com as pessoas, ser arrogante, beber em excesso, chegar sempre atrasado a qualquer compromisso que seja, fazer críticas destrutivas são exemplos de decisões do cotidiano que fazem grande diferença na vida das pessoas. Decisões simples, como dar um sorriso, cumprimentar as pessoas, ouvir com atenção, ajudam a sintonizar pensamentos positivos e, consequentemente, atitudes positivas.

Precisamos entender que somos muito influenciados por aquilo a que damos atenção, pelas informações que buscamos, pelos colegas com os quais nos relacionamos, pelos ambientes que frequentamos, pelos tipos de pensamentos que deixamos frequentar nossa mente.

Vou contar uma história que, acredito, pode ajudar a clarear o que quero lhes dizer com tudo isso. Eu tinha uma cadela de nome Kika. Quando eu chegava do trabalho, ela

## Othamar Gama

estava sempre me esperando no portão, muito alegre, com o rabo abanando. Assim que eu me aproximava ela pulava em cima de mim. Certo dia, cheguei no horário de sempre e achei estranho que ela não se moveu do lugar, apenas olhou para mim como se estivesse muito triste. Perguntei aos que estavam em casa se havia acontecido algo ou se Kika estava doente, mas ninguém soube responder.

No dia seguinte, logo cedo, fui dar uma volta no jardim e pude observar algumas modificações. O jardineiro havia trazido esterco de gado para fertilizar as plantas, e esse tipo de adubo muitas vezes vem com larvas de carrapato e outros insetos transmissores de doenças. Rapidamente fiz a ligação com o que estava acontecendo com a Kika. Fui até ela, passei a mão no seu pelo e percebi que estava infestada de carrapatos, machucando-a e, com isso, sugando-lhe a energia e disposição. Sem perder tempo, liguei para o veterinário, contei a ele o que havia ocorrido e pedi que viesse examiná-la o mais rapidamente possível. Poucos dias depois de ser tratada com os remédios certos, Kika voltou a ser uma cadela alegre e brincalhona. Por que contei esta história? Porque, assim como carrapatos, pensamentos negativos grudam na nossa mente e sugam nossa alegria, nossa energia, nossa coragem e nossa disposição.

Assim, temos de estar sempre alertas e atentos ao que

## Podemos escolher nossos pensamentos

entra em nossa cabeça. Devemos nos preparar para enfrentar essa grande ameaça que paira ao nosso redor onde quer que estejamos. Pensamentos negativos vêm de todos os lados e afetam nosso estado emocional, eles chegam por meio da imensa quantidade de informações negativas que recebemos a todo instante, da carga de negativismo em que a sociedade parece ter caído. Para não sucumbir ao carrapato do mau pensamento, precisamos de aliados nesse combate diário e fundamental se quisermos ir em direção ao nosso sucesso e desenvolvimento pessoal.

## Como destruir os pensamentos negativos

Nós somos responsáveis pela nossa força interior. Somos nós mesmos que podemos nos blindar contra maus pensamentos, maus sentimentos e não nos permitir ser enredados por um círculo vicioso que costumamos chamar maus acontecimentos. A verdade é que todos nós temos – e podemos usar – uma ferramenta poderosa para ajudar na árdua tarefa de combater pensamentos negativos: *nossa imaginação*!

Para isso precisamos criar um personagem forte dentro de nós, ele será o nosso guardião e sua função será destruir impiedosamente os pensamentos negativos. Escolha um nome de guerreiro, pense em todas as características que seu guardião precisa ter: ele é destemido, autoconfiante, otimista, ousado? Escolha uma cor para sua armadura — de preferência a sua cor preferida, que passe a sensação de conforto e segurança.

Depois de eleger o guardião, é hora de selecionar a arma mais eficiente para abater esses inimigos mentais. Pode ser uma espada mágica com uma lâmina banhada com o ouro do otimismo ativo ou uma pistola mágica com balas de prata da fé, ou ainda um arco com flechas do fogo da coragem.

Agora que você criou seu guardião na sua imaginação, só precisa capacitá-lo para defender sua mente dos ataques constantes dos seus maiores inimigos: *seus pensamentos negativos*.

Vamos agora imaginar que os pensamentos negativos são como balões de festa. Eles se aproximam em grande quantidade, mas estouram facilmente. Não resistem ao poder destruidor das armas do seu guardião. Quanto mais rapidamente conseguirmos estourá-los, melhor. Eles estouram facilmente, mas não se engane, pois há muitos deles pairando por aí, sempre se aproximando sorrateiramente. Eis por que devemos estar sempre com nosso guardião em alerta. Se nos distrairmos, perderemos o controle sobre eles, e o que poderíamos derrotar facilmente

## Podemos escolher nossos pensamentos

torna-se um montante tão volumoso que não temos ideia de por onde começar a estourá-los.

Os pensamentos negativos estão sempre nos rondando. E o fato é que, por causa deles, sacrificamos o presente em prol de uma expectativa negativa do futuro, ou seja, embora tenhamos tudo para ser felizes, não nos sentimos assim agora porque estamos com medo do que poderá acontecer lá adiante! Quer dizer, estamos sempre esperando pelo momento ideal para ser feliz, mas os pensamentos negativos jamais permitem que isso aconteça.

Qual é o remédio para este mal? Precisamos atrair pensamentos positivos e, independentemente da situação atual de cada um de nós, acreditar que o futuro será muito melhor do que o presente. Esta atitude consegue fazer com que você se sinta bem mesmo diante de situações difíceis.

Acreditar no sucesso já faz com que você o enxergue e consiga andar pisando firme no dia de hoje, com a certeza de para onde está indo: um lugar de possibilidades e realização. Por mais rigoroso que seja o inverno, acreditamos que a primavera vai chegar e com ela nossas expectativas mais positivas irão brotar, e se tornarão a nossa realidade.

A verdade é que todos nós temos – e podemos usar – uma ferramenta poderosa para ajudar na árdua tarefa de combater pensamentos negativos: *nossa imaginação!*

# Capítulo 2

# Tomando decisões

"Se você está trabalhando em algo excitante e com o qual realmente se importa, não precisa ser pressionado para ter mais resultados. A sua própria visão o impulsiona."

Steve Jobs, inventor

Algum tempo atrás eu estava com a família passeando em Nova York e nossa programação daquele dia era visitar o Museu Metropolitano de Arte. Sentei-me em uma poltrona na recepção do hotel e abri meu aplicativo do Uber, coloquei o endereço aonde queríamos ir e, em poucos segundos, apareceu a informação do carro que viria nos pegar em dois minutos para nos levar até o destino solicitado. Como num passe de mágica, 25 minutos depois já estávamos no Museu.

Parece tudo muito simples e corriqueiro nos dias atuais, porém existe um detalhe que chama a atenção: tudo só aconteceu porque eu sabia para que lugar queria ir. Havíamos tomado a decisão de visitar o museu e conhecíamos

## Othamar Gama

o endereço. Só não sabíamos como chegar até lá. Na vida também é assim: em primeiro lugar precisamos saber qual é o nosso destino. Sem esse conhecimento, jamais chegaremos a lugar algum.

Posso dizer que o mal da atualidade é que muitas pessoas não sabem aonde querem chegar na vida. Ficam aguardando a decisão dos outros para se movimentar e não conseguem tomar uma decisão por não saber o que desejam para o amanhã. É preciso estar consciente de que neste exato momento cada um de nós está construindo o próprio futuro.

*Cuide dos seus pensamentos.* Eles serão fundamentais para que possa tomar decisões!

Não podemos nos esquecer de que são as decisões que levam a mudanças em nossa vida. E *mudança* é uma das mais importantes palavras para nosso trabalho de reconstrução interior. Mesmo sem perceber, mudamos todos os dias. O nosso organismo está sempre se transformando, nossas células estão sempre atentas ao modo como vivemos e vão se adaptando de acordo com o fazemos no nosso dia a dia. Se passarmos a fazer exercícios físicos, por exemplo, surgirão músculos, provavelmente melhoraremos nossa capacidade cardiorrespiratória e, dependendo da nossa alimentação, poderemos adquirir células gordurosas

## Tomando decisões

ou aumentar nossa massa magra. Se ingerirmos bebidas alcoólicas todos os dias, sabemos qual será o custo para a nossa saúde física e mental. Se escolhermos um grupo de amigos que agregue valores semelhantes ao que cultivamos ou que destoem dos nossos, isto também nos afetará. Assim, cada uma das nossas decisões sempre traz mudanças, agradáveis ou desagradáveis. A mudança é a nossa única certeza. Cabe a nós decidirmos se é para melhor ou não.

    A boa notícia é que qualquer tipo de mudança acontece de maneira lenta e gradual, por isso temos sempre condições de reverter as decisões que não nos fazem bem. Basta prestar atenção em nós mesmos e na nossa vida, ter conversas sinceras com nosso eu interior e não tentar enganar a nós mesmos para percebermos os sinais que nos dizem se estamos seguindo na melhor direção para nós mesmos ou não: estes caminhos são os que levam à estrada do sucesso, do bem-estar e da plenitude. Afinal, sabotar a nós mesmos, tentar nos autoenganar, criar um personagem que não nos cabe, mas que agrada às pessoas ao nosso redor, é uma das maiores agressões que podemos cometer contra nós mesmos.

    É importantíssimo descobrir o mais cedo possível quem é esse indivíduo que mora dentro de nós mesmos e aprender a gostar dele como ele é. Nada prejudica mais

Não podemos nos esquecer de que são as decisões que levam a mudanças em nossa vida. E *mudança* é uma das mais importantes palavras para nosso trabalho de reconstrução interior.

## Tomando decisões

uma pessoa do que a falta de amor-próprio. Como ouvi em uma palestra do meu amigo Augusto Cury, "precisamos ter um caso de amor com nós mesmos".

E esse caso de amor, garanto, só existirá se tomarmos a decisão de mudar o que não nos faz bem e fazer uma análise dos hábitos que atrapalham nosso desenvolvimento pessoal.

## O caminho do sucesso

Se quisermos trilhar o caminho do sucesso, precisamos estar atentos aos três pilares básicos de sustentação do sucesso pessoal:

- **Família e relacionamentos sociais.**
- **Carreira e desenvolvimento profissional.**
- **Saúde física, mental e espiritual.**

É importante avaliar decisões que tomamos algum tempo atrás e se elas nos levaram até onde desejávamos estar. Se você está satisfeito com o resultado dos três pilares, isso indica que tomou decisões acertadas. Você está bem com sua família? Soube escolher bem seus amigos? Como anda sua carreira? Você está preparado para novos desafios? E sua saúde? Tudo tem estado bem? Como tem se alimentado? Ainda está fumando? E com relação à bebida, está mais moderado? Você tem separado algum tempo para conversar com Deus?

É preciso fazer uma reflexão e avaliar com o máximo de sinceridade todos os aspectos de sua vida com referência a esses pilares. Para isso, tente se imaginar vendo a si mesmo de fora, como se fosse um espectador assistindo a si mesmo na sua rotina. Quando concluir, vamos começar o processo da tomada de decisões.

Lembre-se de que as decisões tomadas agora terão um impacto decisivo na sua vida e no seu destino. E, para entender isso, um ótimo exercício é fazer uma projeção para o futuro. Nos próximos cinco anos, você quer ganhar quanto e estar fazendo o quê? Se sabe quanto quer ganhar e o que quer fazer, certamente também sabe que precisará pagar um preço por isso. Provavelmente deverá se dedicar a uma capacitação mais especializada, para ter um diferencial entre outros profissionais, se deseja ter uma carreira bem-sucedida. Não dá para esperar que as coisas caiam do céu. Seja otimista, porém proativo. Só você pode fazer com que seu sonho se realize. Escolha o caminho, não perca a fé, continue motivado e mantenha o foco naquilo que quer que aconteça.

# Capítulo 3

# As competências dos vencedores

> "Nas grandes batalhas da vida, o primeiro passo para a vitória é o desejo de vencer."
>
> Mahatma Gandhi, líder pacifista

Todo mundo gosta de observar um vencedor quando ele está desempenhando seu trabalho. Quem não admira a habilidade de um atleta olímpico em qualquer esporte? Quem não admira um bom orador diante de uma plateia? Quem não se inspira com uma história de superação e sucesso de um empreendedor?

Todos concordam que os vencedores são naturalmente admirados por seus resultados. Porém, o que está por trás desses resultados? Não são habilidades mágicas que só alguns privilegiados podem ter, não são herança genética de outra civilização ou de outro planeta.

Os vencedores são pessoas normais como você e eu, que desenvolveram competências que estão disponíveis a

## Othamar Gama

qualquer um. São qualidades que já se encontram dentro de cada um de nós, só precisam ser descobertas, trabalhadas e colocadas em harmonia com o seu estilo de vida, seus dogmas e suas crenças.

Nos últimos vinte anos, pelo menos uma vez por ano, costumo contar às crianças da Fundação Otacílio Gama uma história simples sobre o potencial de cada um e o desenvolvimento de suas competências. A história que conto é singela, mas desperta em cada uma das crianças o hábito da reflexão e da compreensão de suas escolhas no presente e no futuro.

Mas vamos à história...

> Certo dia, uma pessoa estava passeando pela praia quando viu um seixo que brilhava semicoberto pela areia. Ela parou, apanhou o seixo, segurou-o por alguns minutos enquanto caminhava e depois devolveu-o à areia. Logo atrás dessa pessoa, vinha um senhor especialista em pedras preciosas, que viu a pedra que o outro jogou fora e a apanhou. Parou imediatamente, sem acreditar no que estava vendo: era um diamante bruto! No mesmo instante, colocou-o no bolso e, assim que chegou em sua casa, começou a lapidar a pedra. Ela foi se transformando e, após o polimento final, a pedra adquiriu um brilho impressionante. Sem dúvida era de grande valor.

**São qualidades que
já se encontram
dentro de cada um
de nós, só precisam
ser descobertas,
trabalhadas e colocadas
em harmonia com o
seu estilo de vida, seus
dogmas e suas crenças.**

## Othamar Gama

Para cada criança que conto esta história, digo que ela é como um diamante bruto, pois tem dentro de si um imenso potencial que só precisa ser lapidado para que o mundo possa ver seu verdadeiro brilho. Ela só precisa descobrir quais são suas competências únicas, aquilo que a torna tão especial.

Como vimos, assim como o seixo escondia uma valiosa pedra preciosa, as competências do vencedor já estão dentro da mente de cada um de nós. Precisamos apenas despertá-las.

Neste capitulo, vamos conhecer quais são essas competências e por que são importantes para quem quer vencer na vida. Nos próximos capítulos vamos nos aprofundar em cada competência e começar a buscar meios de conhecê-las, desenvolvê-las e usá-las para que trabalhem em nosso favor. Esta é a maneira de iniciar nossa busca interior, sem pressa, mas com determinação. Não podemos evoluir internamente sem descobrir nossos pontos fortes e fracos.

## As 9 competências dos vencedores

**BOA VONTADE:** competência de fundamental importância para produzir resultados positivos na sua carreira profissional. A boa vontade tem o poder de transformar as pessoas, de torná-las imprescindíveis onde quer que estejam, no ambiente de trabalho, na sociedade, no seio familiar, na comunidade etc.

**CORAGEM:** Você vai descobrir que ao desenvolver essa competência poderá se transformar no herói da sua própria história, que com certeza será uma história de sucesso.

**PERSISTÊNCIA:** Competência determinante para diferenciar as pessoas que definem um objetivo e não desistem no meio do caminho, perseguindo-o até alcançá-lo, daquelas que não realizam seus projetos.

**OTIMISMO:** Competência fundamental para alimentar nossos sonhos, que nos dá o combustível necessário para transformá-los em realidade.

**FÉ:** Competência que nos permite realizar o que parecia impossível, nosso maior diferencial para conquistar uma vida plena de sucesso com consciência da nossa ligação com Deus.

RESILIÊNCIA: Competência daqueles que se adaptam e seguem em busca dos seus sonhos apesar de todas as dificuldades que possam surgir durante a jornada.

AUTOESTIMA: Competência determinante para fortalecer nossa relação social e afetiva. O ponto de partida para amar ao próximo é amar a si mesmo.

AUTOCONFIANÇA: Competência imprescindível para quem deseja realizar qualquer coisa que dependa da confiança. A autoconfiança é a base para a construção de um caráter íntegro, para superar uma vida de desafios, para vencer os obstáculos e trilhar um caminho de sucesso confiável.

SOLIDARIEDADE: a capacidade de fazer o bem, esta é uma das competências mais importantes para atingir uma vida plena de realizações. Quando ajudamos as pessoas, mobilizamos forças poderosas que atuam em nosso favor, ajudam a fortalecer nosso espírito e aumentar nossa paz interior. Fazer o bem faz bem!

Nos próximos capítulos, vamos abordar detalhadamente cada uma dessas competências e explicar como elas vão fazer a diferença em sua vida.

# Capítulo 4

# O poder da boa vontade

"De todas as coisas que podemos conceber neste mundo ou mesmo, de uma maneira geral, fora dele, não há nenhuma que seja considerada boa sem restrição, salvo a boa vontade."

Immanuel Kant, filósofo

**B**oa vontade, o que é isso? Vou tentar explicar.

Ao longo da minha vida de empreendedor, empreguei milhares de pessoas e, por experiência, pude observar o que fazia algumas delas terem um grande diferencial na capacidade de trabalho e na maneira de se relacionar. Elas executam suas tarefas com mais dedicação, procuram sempre fazer o seu melhor, estão focadas na execução e na qualidade do que fazem, gostam de ser prestativas, buscam aprender e se aprimorar.

Não importa a situação, essas pessoas estão sempre disponíveis para ajudar, gostam do que fazem e se tornam pessoas indispensáveis em qualquer lugar que estejam. Pessoas que trabalham com boa vontade estão sempre de bom humor e dispostas a fazer mais do que o necessário. Serão, no início, um curinga em qualquer equipe e, depois, um líder comprometido com os resultados. Não é à toa que há na Bíblia trechos que fazem referência aos homens de boa vontade.

Você pode estar se perguntando: existe alguma maneira de se adquirir boa vontade? A resposta é sim!

É preciso entender que, para colher qualquer fruto na nossa mente, é necessário primeiro plantar as sementes certas, fazer a rega com disciplina, para só depois colher os frutos.

Como escrevi no capítulo anterior, os pensamentos são precursores da ação. Podemos iniciar um trabalho interno para sintonizar em nossa mente ações que mostram a boa vontade das pessoas e a grandeza de atitudes que contribuem para o crescimento do ambiente onde estamos inseridos. Ouvir o próximo é uma atitude de boa vontade, assim como ajudar o colega sem esperar agradecimento, disposição em servir... Qualquer que seja nosso trabalho, não existe tarefa que não possa ser melhorada com boa vontade de quem a executa.

Há uma história de um garoto que sempre conto para as pessoas como exemplo de boa vontade e dedicação. Aramis era uma criança como outras, que vivia em uma

## O poder da boa vontade

comunidade pobre. Aos 7 anos matriculou-se na Fundação Otacílio Gama e passou a praticar futebol de salão. Logo, estava apaixonado pelo esporte e se dedicava a ele de corpo e alma. Durante muitos anos participou assiduamente dos treinos e sempre que terminava se oferecia para ajudar a guardar as bolas e os outros materiais. Com essas pequenas atitudes conquistou a simpatia de todos ali.

Tempos depois, quando percebi a necessidade de criar um programa para capacitar crianças da fundação para o trabalho, convoquei os professores e disse que cada modalidade esportiva poderia indicar dois adolescentes para estagiar na Faculdade de Ciências Médicas da Paraíba (FCM-PB). A ideia era fazer com que as crianças passassem por diversos setores da instituição, onde seriam observadas suas competências pessoais e habilidades para o trabalho. Aqueles que se destacassem seriam contratados. Dessa maneira, eles passariam por setores como biblioteca, financeiro, recursos humanos, contabilidade, informática, reprografia, recepção e secretaria geral, entre outras.

Depois que solicitei os nomes para iniciar o programa de estágio, Aramis foi o primeiro indicado pela professora Ana e por outros professores.

Desde o início do estágio recebi informações sobre a sua boa vontade para execução das tarefas, sua persistência e disponibilidade para aprender coisas novas. Quando chegou no setor de informática, o seu supervisor solicitou à diretoria que o deixasse lá. Apesar de seu conhecimento técnico ser pequeno, sua vontade de aprender era inversamente proporcional. Terminado o período de estágio, Aramis passou a ser funcionário da FCM e foi demonstrando cada vez mais aptidão para o trabalho e conquistando a confiança de todos.

Sempre querendo se desenvolver mais na sua profissão, decidimos então investir num projeto de capacitação para ele. Primeiro investimos num curso técnico de informática, posteriormente ele já demonstrou aptidão para o curso superior e continuamos investindo. Um tempo depois contratamos um doutor em Tecnologia da Informação para coordenar o setor de informática e pedi diretamente a ele para ser o tutor de Aramis, pois entendi que o garoto merecia essa oportunidade. No início houve certa resistência, até o momento em que ele percebeu a boa vontade de Aramis. Logo as barreiras foram derrubadas e Aramis concluiu seu curso superior de Ciência da Computação na UNIP com a vantagem de poder utilizar todo seu conhecimento teórico na prática.

Tempos depois, meu coordenador de informática foi convidado para trabalhar em Brasília, no Ministério de Educação e Cultura, e eu decidi que Aramis iria assumir a coordenação geral de informática. Com o novo desafio, pude perceber nele outras competências que o tornaram uma liderança importante em nossa instituição. Enquanto

## O poder da boa vontade

eu escrevia este livro, ele fazia mestrado na Universidade Federal da Paraíba, já tendo concluído pós-graduação em Segurança da Informação na Universidade Estácio de Sá e também em Gerenciamento de Projetos no UNIPE. Posso posso afirmar que é um vencedor e a competência da boa vontade foi determinante para que ele criasse novas oportunidades de crescer pessoal e profissionalmente.

Você também pode desenvolver a capacidade de agir com boa vontade. Comece praticando com pequenas ações todos os dias, no convívio social, no ambiente familiar ou de trabalho. Não perca uma oportunidade de agir com boa vontade.

Você está trabalhando na construção do seu sucesso pessoal, então cultive a boa vontade em todos os momentos da sua vida. Se estiver atento, verá as oportunidades de agir com boa vontade aparecerem na sua vida. Não desperdice nenhuma chance de ser prestativo ou de ajudar alguém.

Cada vez que fortalece sua boa vontade, você aumenta também sua força interior e se tornará imprescindível ao mundo. Lembre-se de que você é o responsável pelo seu sucesso na vida e não poderá delegar essa tarefa para *ninguém*. As pessoas se diferenciam pelas competências internas e nosso projeto de desenvolvimento pessoal precisa ser iniciado com a boa vontade.

**Preste atenção nas boas ações do seu dia**

À noite, antes de dormir, pare um instante para refletir sobre o seu dia e as ações que mais o impactaram. Se desejar, anote num caderno suas reflexões.

- Em quais momentos você teve ou não atitudes de boa vontade?

- Como elas impactaram o desenrolar do seu dia, positiva ou negativamente?

- Você tem se colocado disponível para ajudar aqueles que estão ao seu redor?

- Que mudanças poderia fazer para criar um ambiente mais colaborativo, que estimule o crescimento e a tomada de desafios positivos?

Busque ser útil em qualquer lugar que esteja. Não espere reconhecimento imediato, **faça sua parte**.

# Capítulo 5

# A coragem não é o contrário do medo

> "O verdadeiro homem mede a sua força quando se defronta com o obstáculo."
>
> Antoine de Saint-Exupéry, aviador e escritor

**C**oragem é uma qualidade que todos admiram, que faz brilhar nossos olhos. Quando assistimos a um filme e vemos nosso herói arriscar a vida para salvar ou ajudar outras pessoas, entramos em sintonia com ele imediatamente e, no desenrolar do filme, conforme o perigo aumenta, também cresce nosso envolvimento e nossa torcida para que o personagem consiga vencer todos os desafios.

Existem personagens que nos inspiram pela coragem de enfrentar situações perigosas, mesmo sem ter superpoderes e sendo portadores de fragilidades humanas. Estes são ainda mais queridos, porque nos identificamos ainda mais com eles por conseguirmos projetar neles nossos próprios anseios e medos.

## Othamar Gama

Podemos nos lembrar do filme de sucesso mundial *Jogos vorazes* (2012), no qual a heroína Katniss se oferece para ocupar o lugar da irmã mais nova que fora escolhida para participar de uma competição desumana, em que as chances de sobreviver eram quase impossíveis. Tenho certeza de que todos que assistiram ao filme ou leram o livro criaram um laço de empatia com a personagem e durante o desenrolar da aventura aumentava a torcida para que ela vencesse os desafios.

Saindo agora da ficção e entrando na vida real, todos nós já tivemos oportunidade de demonstrar nossa coragem em algum momento da vida. Não necessariamente arriscando a própria vida", mas enfrentando desafios que nosso dia a dia oferece no trabalho, em família, em situações consideradas corriqueiras, mas que exigem de nós a coragem de dizer sim, dizer não, escolher algo que possivelmente vai alterar radicalmente nossa vida.

Tomar decisões também exige coragem para enfrentar nossas fragilidades. Temos sempre a tendência de sermos muito exigentes com nós mesmos, e isso dificulta libertar nossa espontaneidade. Temos medo do julgamento do outro, temos medo de decepcionarmos alguém ou a nós mesmos, colocamos uma pressão gigantesca sobre nossos ombros, e isso limita o espaço que a coragem

## A coragem não é o contrário do medo

tem em nós. Um exemplo muito comum é o medo de falar em público. Conhecemos pessoas extremamente capazes que emudecem diante de um microfone e empalidecem diante de uma câmera. Eu mesmo me sentia inseguro quando precisava me expressar em público e tive que trabalhar muito esse temor. Até quando deixaremos o medo ser mais forte do que nossa coragem? O que estamos deixando de viver e ganhar ao impedir que a coragem seja nossa condutora nos momentos desafiadores?

Considero o esporte uma das formas mais eficazes para ajudar no desenvolvimento da coragem. Quando o atleta vai participar de uma competição e entra numa quadra, num campo, piscina ou em qualquer espaço escolhido de acordo com a modalidade esportiva que pratica, é comum sentir-se amedrontado pelos olhares dos espectadores. Naquele momento não é possível voltar atrás. Só há uma saída: encarar o frio na barriga, se apresentar para o público e estar preparado para o placar final. Falo por experiência própria.

Quando eu tinha 14 anos, participei da minha primeira competição de judô. Não foi fácil dominar a insegurança e o medo de perder. Quando fui chamado para entrar na área de competição, parecia que carregava duas vezes meu peso. Minha mente ficou em branco, não me lembrava

Todo tipo de decisão exige, em maior ou menor grau, que a gente saia da zona de conforto e encare o que vem pela frente. Afinal, não é possível ficar parado, esperando as coisas acontecerem. Porque elas não acontecem se não fizermos nossa parte!

## A coragem não é o contrário do medo

de nada, parecia um amador sendo chamado para lutar. A única coisa que sabia era que não podia desistir. Tinha de lutar.

Anos depois, já como faixa preta, com bastante experiência e muitas derrotas e vitórias, quis passar essa mesma experiência para as crianças da Fundação Otacílio Gama. Pude observar quanto a oportunidade de participar de competições seria um diferencial na vida daquelas crianças. Ali, elas começariam a criar coragem para enfrentar o desconhecido, fosse qual fosse. Elas começariam a perceber que quem conseguisse dominar o medo mais rapidamente conseguiria colocar em prática as técnicas aprendidas nos treinos e teria mais chances de ganhar a competição.

Pude acompanhar o desenvolvimento das crianças por muitos anos, até se tornarem adultos, e vi que, na grande maioria, a coragem passou a fazer parte da vida deles também na carreira profissional. O nosso projeto Fábrica de Vencedores colhia os frutos de anos de trabalho!

Algumas dessas crianças se tornaram campeões brasileiros e pan-americanos de judô e luta olímpica, outros jogaram em alguns times de futebol de outros estados, mas todos desenvolveram qualidades de vencedores para a vida.

## Othamar Gama

A coragem que precisamos cultivar dentro de nós mesmos precisa se fortalecer com atitudes pequenas e constantes, para combater os inimigos internos que se alimentam do medo. Por exemplo, precisamos que a coragem ultrapasse a vergonha que temos do que vão pensar de nós ou de como as pessoas vão reagir ao que dizemos ou fazemos. Muitas vezes deixamos de fazer algo importante para nós com medo do fracasso, com medo de ser ridicularizado, de ser criticado. Qual a solução? Desistir de buscar o sucesso por causa dos outros? Abrir mão dos seus sonhos? Esperar que as pessoas o reconheçam sem você fazer nada? Não! Não pode ser assim.

E, mesmo que as coisas não saiam como esperamos na primeira tentativa, a coragem nos impulsiona a tentar de novo. Afinal, aprender a perder nos ensina a saber ganhar e ambos são importantes para o sucesso.

Temos obrigação de entrar em campo e começar a jogar. Você deve usar sua coragem para ousar ser melhor, mais criativo, mais produtivo. Como fazer isso?

Em primeiro lugar precisamos definir como meta ser corajosos e eleger a estratégia para atingir essa meta. Ou seja, quais situações costumam deixar sua coragem abalada? Quais pensamentos são frequentes e minam sua crença de superar desafios? Em momentos de provação,

A coragem que precisamos cultivar dentro de nós mesmos precisa se fortalecer com atitudes pequenas e constantes, para combater os inimigos internos que se alimentam do medo.

quais devem ser os pensamentos em sua mente? Quais mantras você deve repetir a si mesmo diariamente? Como será um trabalho puramente mental, é necessário ter emoção e imaginação para criarmos uma imagem clara daquilo que desejamos na convivência com nossa família, com nosso ambiente de trabalho ou estudo e com nossos relacionamentos sociais.

Lembre: só podemos viver um dia por vez, só podemos viver o hoje. Vamos ousar um pouco mais só hoje, estabelecer pequenas metas de coragem só hoje, vamos decidir pequenas coisas sem nos preocuparmos com o que vão pensar só hoje. Portanto, não vamos ter medo de falar o que pensamos, mesmo sabendo que nem todos concordarão conosco. Para ser feliz, não precisamos ser unanimidade. Precisamos, sim, ser educados e respeitosos, sem deixar de sermos nós mesmos. Não tenha medo de errar. Faz parte do nosso crescimento. Adote como lema: "Ouse só hoje fazer algo que o amedronta. Todo medo é covarde e sempre foge quando a coragem surge".

O ato de cultivar a coragem dentro de si mesmo será determinante para definir até onde você quer chegar. Vou dar um exemplo bastante simples.

Imagine que está numa grande sala sem portas. Ao seu redor há diversas escadas de marinheiro, sem nenhuma

# A coragem não é o contrário do medo

proteção. Todos que se encontram ali serão obrigados a subir essas escadas. Então, você começa a subir uma e imediatamente aparece outra escada maior ainda. Você tem a opção de descer naquele patamar, pela porta que surgiu, ou continuar subindo até um nível superior. Ao chegar no segundo patamar, se depara com outra escada ainda mais alta. Você começa a perceber que está ficando cada vez mais distante do chão, então começa a surgir uma sensação de insegurança. Afinal de contas, você já subiu bastante, mas as escadas não param de aparecer. Você tem de tomar a decisão: até onde quer subir? Até onde quer chegar?

    Certamente muitas pessoas vão parar logo na primeira escada, mas outras tentarão chegar mais longe. Sua coragem vai determinar até onde você vai chegar. Tente ser mais corajoso, não fique na primeira escada. Aqueles que param na primeira nunca terão acesso à vista que só é possível desfrutar depois de passar pelo desafio da altura. Você não precisa subir correndo. Pare um pouco no degrau que o deixa inseguro, respire fundo e depois continue a subir lentamente, degrau a degrau. Vá escalando e ousando dar o próximo passo no ritmo em que você se sentir confortável. É dessa maneira que ganhamos autoconfiança, que acreditamos na nossa capacidade. A coragem precisa ser estimulada para se fortalecer. Enfrente o medo e suba o mais alto que desejar. Faça com que apenas você decida o que quer para si mesmo. Não desista dos seus sonhos, acredite que pode subir mais alto.

A poucos dias de concluir este livro, recebi um e-mail de Walter Junior. Ele me contava, muito feliz, que havia sido escolhido para ser o técnico da seleção brasileira de luta olímpica que iria para os Jogos Mundiais Escolares no início de maio de 2018, em Marraquexe, Marrocos.

Contou também que havia sido escolhido porque seis dos seus alunos da Fundação Otacílio Gama, que estavam representando o estado da Paraíba no Campeonato Brasileiro de Luta Olímpica, haviam conquistado medalhas de ouro e o nosso estado foi o campeão geral do torneio.

Assim que recebi o e-mail telefonei para ele para parabenizá-lo por tão grande conquista. Além de São Paulo, nenhum outro estado do Brasil jamais conseguiu um resultado desse. Ele me agradeceu como se fosse uma conquista minha. Logo retruquei: "Walter, você conseguiu isso graça ao seu esforço e à sua persistência e, principalmente, à sua coragem de ir em busca dos seus sonhos".

Walter Junior era um menino muito pobre, morava numa favela próxima ao Bairro do Padre Zé na cidade de João Pessoa, na Paraíba. Quando ele tinha 12 anos seu

## A coragem não é o contrário do medo

avô, que o criava, o matriculou para treinar judô e futebol na escolinha da Fundação Otacílio Gama. Walter treinava quase todas as tardes; quando não estava na escola, ele estava na Fundação. Depois de alguns meses, Walter optou pelo judô, esporte no qual aos poucos ele foi desenvolvendo a competência da coragem.

A cada luta ele precisava enfrentar a própria insegurança e desenvolver sua coragem para enfrentar os adversários: ele sempre tinha uma meta a ser atingida, um campeonato a ser vencido. Ele sabia que só por meio do próprio esforço e persistência poderia melhorar suas habilidades técnicas no esporte, e assim, graças à sua dedicação, tornou-se um campeão de judô. Ele, porém, queria mais.

Com 20 anos começou a treinar luta olímpica e também se destacou. Hoje Walter tem curso superior em Fisioterapia, é o técnico da equipe de luta olímpica do estado da Paraíba e agora o é também da seleção brasileira nos jogos escolares, além de ser árbitro internacional. Aos 31 anos Walter deve ter ainda muitos outros sonhos para realizar, mas ele já é um vencedor e um exemplo para todos os jovens do Brasil.

A coragem precisa ser desenvolvida da mesma forma como iniciamos uma longa caminhada. Independentemente de quão longo seja o caminho, precisamos dar o primeiro

## Othamar Gama

passo e continuar, gradativamente, até atingirmos nosso objetivo. O primeiro passo será o reconhecimento de que precisamos ter coragem para vencer na vida, que esta competência que tanto admiramos nos outros existe dentro de nós mesmos e é imprescindível para nossa jornada.

Não se esqueça de que, como tudo na vida, a coragem nasce pequenina e precisa ser usada para crescer. No início, em atividades mais simples e pequenas, até que com o tempo ela vai se desenvolvendo e ganhando força, e então poderemos utilizar essa qualidade todos os dias, incorporando-a em nossas ações sempre que precisamos sair da nossa zona de conforto e avançar em direção ao desconhecido.

Toda mudança em nossa vida exige coragem se quisermos atingir novos patamares. Não desista de ser uma pessoa corajosa, o mundo respeita e admira quem tem coragem.

# Capítulo 6

# Um ideal que resiste

> "Todas as graças da mente e do coração se escapam quando o propósito não é firme."
>
> William Shakespeare, dramaturgo

Você conhece alguém que venceu na vida sem ser persistente? Eu não conheço!

Vamos enfrentar desafios e dificuldades de toda espécie ao longo de nossa vida. Esta não é uma afirmação pessimista, longe disso, é uma constatação realista para que possamos nos preparar para cada momento da nossa jornada.

Enquanto pensava em como começar a escrever este capítulo sobre persistência, lembrei-me de certa vez que estava observando minhas netas que começavam a aprender a andar, que cena linda! Vi aquelas duas bebês tentando ficar equilibradas para dar o primeiro passo, dia após dia, levantando, caindo e tentando outra vez com um sorriso no rosto. Disse para mim mesmo: só conseguimos o que queremos com persistência!

Esta é uma competência fundamental para aprender a desenvolver qualquer habilidade na vida. A criança já vem ao mundo com essa qualidade e, com o passar do tempo, em alguns casos, vamos deixando de usar essa competência, seja por comodidade, por preguiça ou por excesso de proteção.

Quem já assistiu a uma competição final das olimpíadas e vê um atleta subir ao pódio, não imagina o que há por trás dessa medalha. O coroamento de anos de esforço, muita persistência, uma vida de dedicação e um amor incondicional ao esporte. Quem vê um empresário de sucesso não imagina as dificuldades pelas quais passou, as pressões que teve de enfrentar e, acima de tudo, a persistência de executar as tarefas do dia a dia. Da mesma forma, quando observamos um profissional, seja médico, engenheiro, contador, economista ou uma mulher que trabalha fora, cuida de seus filhos e ainda dá conta da casa, todos eles precisam ser persistentes para poder cumprir com sucesso suas tarefas. O que todas essas pessoas de que falei têm em comum? Não desistiram dos seus objetivos.

Na construção de uma personalidade de sucesso colocamos diversos tijolos que representam características

## Um ideal que resiste

importantes, porém a argamassa que vai colar esses tijolos se chama *persistência*. Essa é a qualidade fundamental que não nos deixa desistir dos nossos sonhos e que se alimenta da nossa força de vontade. A persistência sempre anda de mãos dadas com a paixão. Quando nos apaixonamos por aquilo que fazemos, tudo se torna mais fácil.

Vou contar o que aconteceu comigo e que me ajudou muito a superar diversos obstáculos na vida.

Quando eu estava com 13 anos, queria ser atleta de qualquer esporte. Tentei primeiro futebol de salão, mas minha habilidade com a bola era terrível. O professor de Educação Física do meu colégio simplesmente me colocava no banco até nos treinos, e eu ficava só olhando os meus colegas jogarem. Depois de certo tempo, resolvi procurar o basquete, mas também não tinha boa coordenação para jogar a bola e era péssimo nos arremessos. O técnico não tinha nenhum interesse em mim, era como se eu não existisse. Mudei mais uma vez, dessa vez tentei o vôlei e tudo se repetiu, só que dessa vez foi ainda pior.

Fui participar de um torneio com outras escolas e estava no banco de reserva. Como nosso time estava ganhando por uma margem muito boa, se não me engano por 12 a 0 e em 15 minutos acabaria a partida, então o técnico resolveu me dar uma oportunidade de entrar em

**A persistência sempre anda de mãos dadas com a paixão.**

## Um ideal que resiste

quadra. Foi um fiasco. Os jogadores do outro time perceberam que eu jogava mal e passaram a mandar todas as bolas para mim. Quase conseguiram empatar o jogo. Claro que o técnico me mandou de volta para o banco em tempo. Meu time ganhou e entendi que aquele também não era o meu esporte.

Tempos depois, um colega da escola me chamou para ir com ele visitar uma academia de judô e tive a oportunidade de assistir a um treino. O professor falou comigo e perguntou se eu queria participar, respondi que não tinha quimono, mas ele me emprestou um para que eu pudesse participar da aula. Quando a aula acabou, ele afirmou que eu levava muito jeito para aquele esporte e que, se continuasse a treinar, poderia ser um grande atleta.

Voltei para casa entusiasmado. Pela primeira vez havia recebido um elogio num esporte e um incentivo para treinar e me tornar um atleta de verdade. Posso dizer que aquele dia mudou minha vida. Afinal, eu tinha um objetivo e aquele professor acreditava em mim, eu não podia decepcioná-lo.

No dia seguinte já estava matriculado e pronto para iniciar meu novo esporte. Existiam algumas peculiaridades no aprendizado do judô que só pude perceber tempos depois, por exemplo: num esporte em que o vencedor é quem derruba mais, nossa primeira lição é aprender a cair.

# Othamar Gama

No meu primeiro mês de aula, a única coisa que aprendi foi a cair da forma certa, sem me machucar. Quando perdemos o medo de cair, começamos a treinar as primeiras técnicas para derrubar os adversários. Sabemos que no início vamos cair muito mais do que derrubar, e foi realmente assim. Nos primeiros meses, todos os colegas da academia conseguiam me jogar no tatame, mesmo eu sendo mais pesado e mais forte que alguns deles. O mais importante era que o meu técnico continuava a acreditar em mim e me dizia que se eu continuasse a treinar com afinco, um dia seria campeão do meu estado.

Aquela expectativa positiva de alguma forma fez nascer em mim uma paixão pelo judô, e a persistência veio junto. Por mais intenso que fosse o treino, não me passava pela cabeça desistir.

Hoje sei quanto é importante saber perder para se tornar um vencedor. Não podemos deixar que as derrotas nos derrubem. Saiba que as derrotas vão existir, porém devemos estar acima delas e não permitir que abalem nossa autoestima e autoconfiança. Tenha certeza de que aprendemos mais com nossos erros do que com nossos acertos.

Bem, voltando ao que meu técnico de judô me disse quando iniciei as aulas: ele tinha razão. Eu me tornei campeão,

## Um ideal que resiste

não só do meu estado mas da região Norte-Nordeste, por quatro anos seguidos. O mais importante disso tudo não foram as medalhas, mas sim o aprendizado dessa etapa da minha vida. Pela primeira vez eu havia perseguido um objetivo, fui em busca de desenvolver minhas habilidades e sabia que o meu sucesso dependia diretamente do meu esforço e da minha persistência. No final, toda a minha dedicação valeu a pena.

Depois de tudo o que contei, pergunto: será possível desenvolver a persistência? Eu acredito que sim. Primeiro devemos ter um objetivo, afinal você não pode ser persistente sem saber para onde está indo ou o que deseja alcançar. Você certamente deve conhecer pessoas que gostam de fazer caminhadas. Elas vão, passo a passo, persistindo, até chegar a sua meta. Você acha que seria possível persistir na jornada sem saber aonde chegar e, mais do que isso, por que chegar lá? Claro que não, será preciso, antes, determinar o objetivo para poder alcançá-lo.

Comece tentando achar algo que goste de fazer. Crie inicialmente pequenas metas para atingir, comemore cada pequena vitória e depois aumente progressivamente os desafios.

Qualquer que seja a tarefa, sempre é possível tentar fazê-la melhor, com mais atenção. Precisamos valorizar

## Othamar Gama

cada momento, buscando uma maneira de conseguir dar mais um passo adiante em nosso projeto de vida.

Não esqueça! Se quisermos ser reconhecidos, precisamos fazer agora o melhor que estiver ao nosso alcance e cultivar a persistência como quem planta uma árvore. No início a árvore precisará ser regada todos os dias, mas depois sobreviverá por si mesma e poderemos desfrutar da sua sombra e dos seus frutos.

# Capítulo 7

# Otimismo, nossa força propulsora

"Imagine uma nova história para sua vida e acredite nela."

Paulo Coelho, escritor

**P**recisamos ser otimistas!

Todos concordam que só podemos viver o presente e que o futuro é uma expectativa. O passado existe apenas na nossa memória; ruim ou bom, não podemos mudá-lo. Sabemos também que somos hoje o resultado das nossas ações passadas. Vem agora a pergunta-chave: como você gostaria de viver os próximos anos de sua vida?

Você consegue visualizar uma vida boa? Com saúde? Com dinheiro para fazer o que deseja? Com uma carreira de sucesso e reconhecimento?

Afinal, se o futuro é uma expectativa, você precisa aprender a construir na sua mente imagens de sucesso. Portanto, onde está o seu foco?

## Othamar Gama

Vamos imaginar que estamos caminhando dentro de uma caverna totalmente escura. Calma, temos conosco uma lanterna potente para nos ajudar a chegar à saída. Antes, porém, precisamos atravessar um caminho estreito, à beira de um precipício muito profundo. No começo do percurso estávamos pisando firme, andando sobre rochas, mas agora que chegamos diante do imenso precipício, a única maneira de atravessar para o outro lado é por uma estreita passagem em total escuridão. Precisamos usar lanterna? Claro! Onde iremos focar nossa lanterna? Na estreita passagem que atravessaremos ou no precipício?

A diferença entre o otimista e o pessimista é: o pessimista vai focar sua lanterna no precipício e talvez nunca consiga atravessar o caminho estreito, pois se atravessar focando no precipício, certamente vai cair. O otimista, em contrapartida, embora na mesma situação perigosa, sabe que precisa usar sua lanterna para focar na passagem, exatamente onde precisa pisar, e vai cuidadosamente dando um passo de cada vez. Ele tem certeza de que conseguirá passar e continua focando o caminho até chegar ao outro lado.

Essa analogia mostra com clareza o modo diferente de pensar do otimista em relação ao pessimista. O pessimista só espera o pior e sofre por antecipação, projetando

## Otimismo, nossa força propulsora

sempre aquilo que teme. Ele se acostumou a viver assim, o tempo todo ansioso, com medo de perder as coisas de que mais gosta e achando que o mundo está contra ele. Logo, não confia em ninguém e, sem dúvida, está muito próximo de se tornar deprimido.

O otimista procura focar as soluções e não os problemas, tem sempre uma expectativa positiva em relação ao futuro, o que já lhe dá a vantagem de se sentir bem no presente, e está sempre se preparando para o melhor amanhã, então isso aumenta sua motivação e revigora suas forças internas.

Porém, é preciso observar que ninguém é otimista ou pessimista por acaso. Existem razões para tal escolha. Alguns falam que o ambiente influencia, outros dizem que é questão de genética, outros ainda afirmam que adquirimos o hábito de pensar de maneira negativa. Não vou me aprofundar nas causas, acho, como amador, que todos têm um pouco de razão no que dizem.

Vamos imaginar que você cria dois cachorros da mesma raça em sua casa. Um deles se alimenta de notícias boas, de histórias de sucesso, de mensagens positivas; o outro se alimenta de notícias ruins, de histórias de fracasso, de mensagens negativas. Quando volta para casa todos os dias, qual cachorro você alimenta mais com as notícias

Afinal, se o futuro é uma expectativa, você precisa aprender a construir na sua mente imagens de sucesso. Portanto, onde está o seu foco?

## Otimismo, nossa força propulsora

que leva da rua? Será que o cachorro que se alimenta de pessimismo está mais forte que o otimista? Agora imagine que esses cachorros, na verdade, estão dentro de você. Para qual deles você dá mais atenção? Será que não está na hora de equilibrar a dieta desses animais imaginários?

Já pensou que seu pessimismo pode contagiar todas as pessoas de sua casa? Que seu filho pode deixar de ousar, de ter uma vida melhor porque acredita que não poderá seguir em frente com seus sonhos? Você já pensou em quantas oportunidades perdeu porque não acreditou que pudessem dar certo?

O pessimista bloqueia seu próprio desenvolvimento. As oportunidades estão a sua frente e ele vira o rosto para enxergar as dificuldades. O pessimista sempre fala que é muito difícil conseguir um bom emprego, encontrar uma pessoa boa para casar, ganhar dinheiro. Em resumo, ele afirma que tudo o que deseja é muito difícil de conseguir.

Sei que muitos pessimistas defendem seus pontos de vista com argumentações fortes. Em parte eles têm razão, porque vemos o mundo de acordo com nossas crenças. O que proponho é mudar nossa maneira de encarar os fatos, pois não é porque estamos tendo alguma dificuldade hoje que o amanhã também será difícil. Ora, as dificuldades precisam existir em nossa vida para que possamos crescer

## Othamar Gama

e nos fortalecer. Não podemos perder a esperança no futuro só porque nosso presente não vai bem, da mesma forma que não podemos ficar esperando que aconteçam coisas boas em nossa vida sem que a gente faça nossa parte. Precisamos nos preparar, as coisas não vão cair do céu. Temos que plantar aqui boas sementes para poder colher os frutos do sucesso.

O otimista acredita que pode seguir adiante em direção aos seus sonhos e sabe que suas conquistas serão o resultado dos seus esforços. Acredita que há oportunidades e que elas aparecerão em sua vida e que ele sempre vai estar no lugar certo na hora certa para agarrar as chances que a vida lhe mostra todos os dias.

A vida é feita de escolhas. Podemos escolher o melhor, estar atentos ao que acontece ao nosso redor e escolher o que queremos para nossa vida. Vamos imaginar que somos o técnico de um time de futebol e que o nosso objetivo é ganhar o campeonato. Antes de qualquer outra coisa, devemos escolher quais serão os atletas selecionados, quais os critérios adotados para essa seleção, quem joga melhor no ataque, na defesa ou no meio de campo. Com toda certeza iremos escolher os melhores, pois queremos ganhar o jogo. No jogo da vida devemos fazer a mesma coisa com os nossos pensamentos; se quisermos

Precisamos nos preparar, as coisas não vão cair do céu. Temos que plantar aqui boas sementes para poder colher os frutos do sucesso.

## Othamar Gama

ganhar o jogo, precisamos de pensamentos otimistas para fazer nosso time de pensamentos seguir em direção ao sucesso e à realização pessoal.

Pensamentos otimistas têm um diferencial poderoso em nossa vida. Eles nos fazem acreditar na possibilidade da vitória e assim ficamos mais motivados para os treinos, para o esforço concentrado, para suportar e suplantar derrotas que possam surgir. Perceberemos que, quanto mais difícil, mais valiosa será nossa vitória para o tão desejado sonho de vencer na vida. Nós temos o poder da escolha. Ser pessimista ou otimista é uma questão de escolha pessoal; decidimos como pensar e como agir, decidimos onde iremos focar nossas expectativas futuras. A decisão de ser otimista nos dá coragem para seguir em busca dos nossos sonhos.

Imagine que está indo para uma reunião. De repente um pneu do seu carro fura e em seguida vem sua reação. Como vai reagir? Vai agradecer a Deus por ter se livrado de algo ruim que poderia acontecer se não fosse o pneu ter furado, ou vai ficar furioso e acreditar que perdeu uma grande oportunidade porque o pneu furou? Você decide em que acreditar, mas tenha certeza de que sua reação vai trazer um resultado para sua vida.

Quantas pessoas que não podiam perder um minuto sequer chegaram a lugares em que estavam acontecendo

## Otimismo, nossa força propulsora

coisas trágicas e foram alvo de balas perdidas, ou chegam na hora de um assalto e pensam "Ah, se o pneu do meu carro tivesse furado eu não estaria aqui", "Ah, se eu tivesse perdido aquele ônibus". Às vezes não paramos sequer para dar uma informação que tanto ajudaria uma pessoa qualquer porque estamos sempre muito apressados em resolver nossos problemas. Reflita sobre os acontecimentos desagradáveis e inesperados na sua vida, muitas vezes são bênçãos disfarçadas que só os otimistas conseguem ver.

Precisamos estar atentos aos exemplos simples do dia a dia para não nos descontrolarmos por tão pouco. Quantas vezes no trânsito perdemos o controle porque o motorista na nossa frente fez algo errado e criamos quadros mentais assustadores que poderiam se materializar em tragédia?

Eu proponho um único dia de otimismo. Vamos tentar uma mudança nos nossos hábitos negativos e, em vez de ouvir as notícias negativas no rádio no seu carro, escute um áudio motivacional ou uma música que inspire algo positivo a você. Vamos só por um dia evitar entrar em sintonia com assuntos negativos, evitar críticas desnecessárias. Podemos ser mais agradecidos, mais solidários.

Devemos visualizar em nossa tela mental um futuro com a realização dos nossos sonhos, vamos ser otimistas

## Othamar Gama

e assim poderemos mais. Não perca a oportunidade de ser otimista por um dia. Talvez você goste dessa atitude e queira repeti-la em outros e mais outros dias.

O que falo sobre otimismo, observei durante minha vida com todas as dificuldades que passei e que, tenho certeza, só consegui superar porque fui otimista e acreditei que enxergaria a solução. Tinha certeza de que só precisava continuar trabalhando e de que, ao criar uma imagem mental sempre positiva, encontraria uma saída. E não é que realmente funcionou comigo?

Eu sei que sou uma pessoa igual a tantas outras, com limitações e fraquezas, mas mesmo assim, com otimismo e com as outras competências que narro neste livro, consegui ultrapassar inúmeros momentos difíceis na minha vida. Achei que com isso poderia dividir minha experiência de ser otimista por meio do projeto social na Fundação Otacílio Gama.

Seria possível que, tendo o esporte como incentivo, as crianças da fundação pudessem ser mais otimistas, mesmo com a situação precária em que se encontravam?

Se elas se identificassem com uma modalidade esportiva, se tivessem um técnico para as incentivar e acreditar nelas, se conseguissem continuar treinando para conquistar pequenos objetivos em seus esportes... Seria isso o suficiente para formar cidadãos vencedores na vida?

## Otimismo, nossa força propulsora

Poderíamos tentar.

O meu primeiro desafio foi encontrar professores comprometidos com a causa, que tivessem o perfil adequado para executar essa difícil tarefa. Eles seriam mais do que professores, seriam tutores e acompanhariam o desenvolvimento pessoal das crianças. Foram seis meses de trabalho e busca pelas pessoas e os recursos necessários para que o nosso sonho otimista de criar o projeto Fábrica de Vencedores desse certo.

Então, começamos a formar crianças otimistas que tinham esperança, que acreditavam num futuro melhor e o queriam para si. Apesar de ser apenas um amador na área da psicologia, hoje, vinte anos depois de haver iniciado esse projeto, com os resultados que venho acompanhando, tenho absoluta certeza de que é possível ajudar as pessoas a se tornarem mais otimistas.

Pesquisando recentemente sobre o assunto, encontrei um grande expoente da psicologia mundial, o doutor Martin Seligman, que estudou o tema em profundidade e concluiu: "Descobri que ensinar a crianças de 10 anos a habilidade de pensar e agir com otimismo reduz a quantidade de deprimidos ao chegarem à adolescência" – *The Optimistic Child: a revolutionary approach to raising resilient children*, 2007 (A criança otimista: um approach revolucionário para criar filhos resilientes, em tradução livre).

No livro *Florescer — Uma nova e visionária interpretação da felicidade e do bem-estar* (2011), Seligman teoriza e nos dá exemplos práticos da promoção de três aspectos constitutivos do bem-estar psicológico dos indivíduos (ou das interações nas comunidades): otimismo, motivação e resiliência.

Seligman, na segunda parte do livro *Florescer*, reflete sobre possíveis caminhos para nosso crescimento pessoal, as maneiras de melhorar nossa emoção positiva, base da autorrealização. Foram essas bases que nos serviram de guia de reflexão para situarmos os princípios aos quais obedece a pedagogia da Fundação Otacílio Gama.

O autor destaca um ponto interessante, definidor do propósito da fundação: as pessoas pessimistas deprimem-se mais do que as otimistas, do mesmo modo que têm desempenho inferior na escola, no esporte e no trabalho, sendo igualmente mais instáveis nos relacionamentos. Ele faz, enfim, um apelo para que haja mais investigações, para descobrir quais fatores influenciam o desenvolvimento da resiliência e do bem-estar pessoal e comunitário, o que investigamos neste livro.

# Capítulo 8

# A fé remove montanhas

> "A fé é o caminho que nos dá direito a uma nova chance. Creia, acredite em você e em Deus: essa capacidade interior de crer pode motivar você a desejar coisas melhores para si mesmo e para as pessoas que ama. Na fé tudo cabe."
>
> Abílio Diniz, empresário

Acredito que possuímos um corpo humano e um espírito e que, da mesma forma que ao nascer estamos ligados a um cordão umbilical físico com nossa mãe, também temos um cordão umbilical semelhante ligando nosso espírito a uma fonte divina.

Diferentemente do cordão umbilical físico, que precisa ser cortado quando nascemos, o cordão divino não se rompe nunca, pois, por meio dele, um dia retornaremos à nossa fonte.

Acreditar que estamos ligados a uma Força Superior será o desafio maior da nossa vida. Descobrir dentro de nós mesmos a fé fará com que possamos ultrapassar todos os obstáculos e dificuldades que possam surgir durante nossa existência. Essa força mágica, poderosa, consegue romper todas as barreiras, destruir todos os inimigos, enfrentar todos os perigos e desafios e extinguir nossos mais profundos medos. A fé é, sem dúvida, o maior dos poderes que o ser humano pode possuir. Esse poder transforma o impossível no possível e leva o ser humano para perto de Deus.

Na minha imaginação, entendo que podemos buscar formas de potencializar nossa comunicação com Deus por meio desse cordão divino. Para isso, precisamos em primeiro lugar ter a percepção de que ele existe. Quanto mais conscientes da nossa ligação com Deus, mais forte e mais radiante se torna o canal que transporta nossa fé. Sim, esse duto de energia divina precisa ser utilizado durante toda a nossa vida, ele nos liga direto com nossa fonte criadora.

Acredito que quando nos comunicamos com Deus, o fluxo de energia que vem através do nosso cordão nos torna mais poderosos, mais criativos, mais corajosos, mais otimistas. Podemos sentir que estamos realmente ligados a Deus e cheios de amor e fé. Há pessoas que não acreditam na existência desse cordão, mas mesmo assim ele existe, estático, sem fluxo algum, até chegar o tempo em que será usado apenas como canal de retorno a sua fonte.

Você consegue acreditar que está intimamente ligado

## A fé remove montanhas

a Deus? Se está conectado com sua força divina, quem será capaz de fazer mal a você?

Tente visualizar seu canal divino como um duto brilhante dourado, sinta a energia que você vai produzir usando sua mente para acessar seu núcleo de força. Acredite! A fé está dentro de você mesmo, e quanto mais você acredita, mais ela se fortalece.

Eu quero propor a você, meu leitor, um desafio. Vamos começar a visualizar nosso cordão de ligação e, duas vezes por dia, vamos nos comunicar, de acordo com a religião e os princípios de cada um, com a nossa Força Superior. Tenha a certeza de que cada contato que tiver servirá para aumentar sua fé e você ficará mais protegido e mais seguro.

A fé nasce dentro de nós mesmos, por isso temos de buscar no nosso eu mais profundo essa força ilimitada que está adormecida, apenas esperando ser descoberta. Acreditar que temos esse poder e possuímos um canal de ligação com Deus nos torna muito mais fortes para resistir aos desafios que a vida nos impõe.

Acredito que a fé é o mais precioso presente que o Criador nos deu, e abandonar esse poder ao longo da jornada da vida é abrir mão da mais importante ferramenta para construção do nosso sucesso pessoal, da nossa felicidade e da nossa vida saudável.

## Othamar Gama

Há uma fábula de que gosto muito. Um pai deu de presente ao seu filho uma caixa e disse para ele que ali dentro tinha tudo de que ele precisava para ser feliz. Ali dentro estavam todas as riquezas, todos os talentos, toda a saúde, enfim, todo o poder e realização que um homem pudesse desejar. O filho só precisava aprender a abrir aquela caixa para não perder nada do que havia dentro dela. O filho então perguntou: "Com que tipo de ferramenta vou abrir a caixa?". O pai respondeu: "Com fé, meu filho".

Portanto, seria o maior desperdício passar a vida inteira sem nem sequer tentar abrir o maior presente que recebemos do nosso Criador. Ao contar essa fábula, meu propósito é que possamos reconhecer que temos essa caixa mágica e, em seguida, trabalhar para descobrir qual o segredo para abri-la. Se conseguirmos abrir essa caixa pelo menos uma vez, num momento qualquer, será mais fácil abri-la outras vezes. Temos o dever de tentar todos os dias, até sermos bem-sucedidos. Nosso Pai nos deu esse magnífico presente porque acredita que um dia poderemos abrir completamente a nossa caixa da fé e, assim, ajudar a transformar a humanidade.

O que devemos ter sempre em mente é que a fé não é instantânea. Ela se desenvolve lentamente, exige ações. Nossa fé é única. Não existem duas pessoas no

## A fé remove montanhas

mundo que tenham a mesma fé, ela é individual. Não espere que os outros tenham a mesma fé que você, cada um tem a sua.

Lembre-se de que mais importante do que o que você diz é o que você faz. Você sempre fará sua vida ir de acordo com sua fé.

Acredite no amor, acredite no bem, acredite na vida, acredite que pode ir mais longe, acredite que você pode ter mais saúde, acredite que pode ter mais dinheiro, acredite que você pode ter uma boa profissão, acredite que pode ter uma família maravilhosa e amigos cordiais.

Acredite que você é filho de Deus e ele nunca vai cortar seu cordão umbilical.

**Acredite! A fé está dentro de você mesmo, e quanto mais você acredita, mais ela se fortalece.**

# Capítulo 9

# O segredo dos fortes

"O nosso cérebro é incrivelmente resiliente; o maravilhoso processo de neuroplasticidade dá-lhe a si a capacidade, nos seus pensamentos, sentimentos e ações, de se desenvolver em qualquer direção a sua escolha."

Deepak Chopra, médico e escritor

A vida está sempre nos avisando de que precisamos ser resilientes. Sair da nossa zona de conforto será algo constante em nossa existência. Não podemos ser abatidos pelas adversidades que o dia a dia nos impõe.

Quando bebês, antes de nascer, ainda desfrutando do conforto do útero de nossa mãe, somos alimentados pelo cordão umbilical, não sentimos frio ou calor, tudo está perfeito... até que chega o dia de nascer e nossa zona de conforto desaparece. A partir de então, temos de nos adaptar à nova etapa da nossa vida.

Como falei em capítulos anteriores, primeiro precisamos aprender a cair para depois aprender a levantar. Isto é algo que tem tudo a ver com resiliência. O que quero é

## Othamar Gama

tentar mostrar de maneira prática que precisamos buscar dentro de nós mesmos formas de absorver essas características tão importantes aos que desejam vencer na vida.

Resiliência é uma das competências fundamentais para o desenvolvimento humano. Se observarmos a própria natureza, veremos diversos exemplos que nos inspiram a buscar meios para desenvolver essa habilidade. Aprender a conviver com as mudanças climáticas e a mudança das estações, observar como os animais conseguem sobreviver apesar dos predadores, estes são pequenos exemplos de uma imensidão de outros que se apresentam em nosso dia a dia.

Nós, seres humanos, precisamos aprender a conviver com dificuldades, como a busca do equilíbrio interior, sabendo que a nossa forma de reagir será determinante para o nosso futuro. As dificuldades e os problemas sempre vão existir, mas cabe a cada um reagir com resiliência para tomar atitudes proativas, sempre em direção ao próprio objetivo maior. Não podemos nos desesperar com situações difíceis. O nosso limite de crescimento será proporcional a nossa capacidade de ser resiliente. Quando tudo parece perdido, sempre aparece um caminho a ser seguido, e só os resilientes verão esse caminho.

Ser resiliente é diferente de ser resistente. Você pode até envergar, mas não quebra. É não nadar contra a corrente, mas sim usá-la para sair da água.

# Othamar Gama

Há uma lenda narrada em livros de judô que conta que o mestre Jigoro Kano, o criador dessa arte, passava horas observando a neve cair nas árvores e percebeu que algumas delas, com galhos muito fortes, acumulavam uma grande quantidade de neve e depois quebravam, enquanto o salgueiro, que possuía galhos longos e finos, recebia uma certa quantidade de neve e ia envergando, até que caía toda a neve e ele voltava a sua posição original. Com suas observações, Kano desenvolveu o judô, cujo princípio é aparentemente ceder para depois reagir.

Ser resiliente é diferente de ser resistente. Você pode até envergar, mas não quebra. É não nadar contra a corrente, mas sim usá-la para sair da água.

Aqui cabe uma fábula que li certa vez e achei muito interessante: um cavalo caiu num poço seco e os jovens mais fortes da aldeia foram chamados para amarrar uma corda e puxar o cavalo para fora do poço. Os jovens usaram toda a força que possuíam, mas não conseguiram tirar o animal, pois ele era muito pesado. Quando o dono do cavalo já estava extremamente desesperado, sem saber o que fazer, surgiu um velho que morava nas montanhas. O ancião, vendo a situação, perguntou se eles tinham ferramentas como uma pá. Mesmo sem entender por que o ancião queria pás, os aldeões foram buscar o que ele pediu.

## O segredo dos fortes

O velho então disse: "Comecem a cavar a terra e a joguem dentro do poço". À medida que os aldeões jogavam terra em cima do cavalo, ele balançava o corpo e subia na terra que caía, até que o poço foi enchendo e o cavalo conseguiu sair.

Assim são as nossas dificuldades. Devemos ser resilientes para superar desafios e acreditar que quanto mais eles surgirem em nossa vida, mais cresceremos, pois para cada problema sempre haverá uma saída.

Tenho uma história interessante que aconteceu comigo e mostra a importância de agir com resiliência.

Na época, eu tinha completado 18 anos e estava servindo ao Exército, vibrando de satisfação na primeira semana do curso do NPOR. Eu era atleta e já estava acostumado ao forte treinamento físico, mas tínhamos também iniciado o treinamento de ordem unida, que era muito cansativo. Passávamos horas aprendendo a marchar e a seguir os comandos.

Naquela época, meus colegas e eu não tínhamos a mínima ideia de que éramos avaliados em vários quesitos, como atividade física, comportamento, disciplina, equilíbrio emocional, além do estudo das matérias curriculares. Eu não poderia ter imaginado que na primeira sexta-feira do curso, durante uma aula de ordem unida, iria ouvir bem próximo ao meu ouvido o comandante do pelotão gritando: "Gama!!! Mucureba!! Acerta o passo!!". Depois do primeiro grito foi quase impossível acertar alguma coisa.

Os gritos continuavam cada vez mais altos e eu não conseguia acertar o passo. Muitos gritos depois, veio o veredito: "Você está detido no quartel este fim de semana!". Eu me senti extremamente injustiçado. Era a primeira semana que estávamos no Exército e eu era o primeiro a ser detido! Passara a semana me esforçando, procurando fazer o meu melhor e, no fim, fui xingado de burro, incompetente e ainda ia pegar uma detenção!

Se eu soubesse naquele momento que não era nada pessoal e sim parte do treinamento, teria sido mais fácil. O major queria avaliar minha reação nos dias seguintes e como eu suportaria a pressão. Passei o fim de semana sozinho no ambiente do NPOR, então, enquanto estava ali remoendo minha raiva, lembrei-me de um livro que havia lido e que falava sobre a força do pensamento. Dizia que se mantivéssemos um pensamento de raiva contra qualquer pessoa, esse mesmo tipo de pensamento viria dela também em nossa direção e que a melhor maneira de acabar com esse ciclo negativo seria fazer um esforço mental para procurar o que aquela pessoa tinha de positivo e imaginar que ela também iria perceber nossas qualidades.

## O segredo dos fortes

Respirei fundo e comecei a pôr em prática o ensinamento. Tirei de minha cabeça toda sensação de injustiça e naturalmente foi sendo dissipada minha revolta interna. Em silêncio, comecei a mentalizar imagens positivas.

Poucos dias depois, apareceu a oportunidade de me candidatar a diretor social do Grêmio Aspirante Evandro do 15º Batalhão de Infantaria. A chapa em que eu estava foi eleita e tive a oportunidade de mostrar boa vontade para trabalhar nas realizações sociais da minha turma. Com a mudança do meu modo de pensar, o comandante passou a agir de modo diferente comigo. Pude sentir realmente que ele gostava de mim e eu já não me sentia ameaçado ou inseguro ali.

Depois disso, vi que ele perseguia a cada duas semanas um outro colega e que, na realidade, não era perseguição, mas sim uma maneira inteligente de testar o equilíbrio emocional de cada um.

Hoje vemos jovens brilhantes, inteligentes, que não conseguem aceitar um "não" ou uma crítica ao seu desempenho, ficam transtornados e perdem oportunidades de chegar a patamares mais elevados da profissão porque não aprenderam a ser resilientes nem cultivaram humildade para ouvir pelo menos um conselho.

Coloquei o capítulo da resiliência logo depois dos

## Othamar Gama

capítulos do otimismo e da fé porque acho que são fundamentais para o desenvolvimento pessoal e para o sucesso em qualquer área da vida. Todos precisamos buscar dentro do nosso eu mais profundo essas qualidades, para que sejam desenvolvidas e aprimoradas. A resiliência é o nosso impulso para nos levantar. Ela precisa estender as mãos a seus irmãos, a fé e o otimismo, para andarem sempre juntos, pois precisam estar unidos na tarefa de nos fortalecer para ultrapassarmos todos os obstáculos e desafios para conquistar o sucesso pessoal, a riqueza e a felicidade.

# Capítulo 10

# O espelho da autoestima

> "Um grande erro: crer-se mais importante do que se é e estimar-se menos do que se vale."
>
> Johann Wolfgang von Goethe, escritor

Precisamos trabalhar nossa autoestima. Precisamos aprender a gostar de nós mesmos da forma que somos. Se você não conseguir gostar de você mesmo, quem vai conseguir gostar?

Comece agora mesmo a procurar algo positivo em si mesmo, não caia no erro da autodepreciação. Ninguém é completamente ruim, ache o que você tem de melhor e fortaleça esse aspecto. Sufoque o que tem de pior, tente entrar em sintonia com pessoas da vida real ou da ficção que tenham qualidades que você admira. Crie uma autoimagem positiva, interprete um personagem com as qualidades que deseja e naturalmente elas vão surgir em você. Se puder acreditar que consegue agregar novos valores em si mesmo, seu subconsciente irá proceder à mudança naturalmente.

Tenha a certeza de que quanto mais você conseguir gostar de si mesmo, mais as pessoas irão gostar também. Lembre-se de que você é como uma pedra preciosa: quanto mais for lapidado com boas qualidades, mais as pessoas conseguem ver seu brilho.

Como falei em capítulos anteriores, você está a cada dia escrevendo a própria história, e nela é o herói e o personagem principal. Não deixe que os outros definam quem você é ou até onde poderá chegar. Essa atribuição é única e exclusivamente sua. Quando fortalecemos nossa autoestima, também conseguimos gostar mais das pessoas com quem convivemos, podemos evitar críticas e reclamações e viver com mais intensidade e amor.

Na Bíblia, um dos mandamentos diz que o homem deve "amar a Deus sobre todas as coisas e ao próximo como a si mesmo". Temos livre-arbítrio para tomar nossas próprias decisões e fazer nossas escolhas. Precisamos ser éticos e só fazer às pessoas aquilo que gostaríamos que fizessem conosco. Um dos maiores motivos de brigas e guerras há muitos e muitos anos é justamente que as pessoas não querem receber aquilo que estão distribuindo. Quando distribuem grosserias, querem receber afeto; quando distribuem críticas

# O espelho da autoestima

ácidas a todos, querem receber aplausos. Deixo aqui uma pergunta: O que você está dando às pessoas que ama? Chegou a hora de fazer uma revolução interior e mudar paradigmas pessoais. Pare e observe o que está fazendo.

Comece hoje a construir seu modelo de sucesso. É fundamental que esta construção tenha base sólida para sustentar uma estrutura que possa chegar a patamares consideráveis de altura. Esta base sólida será o amor que você tem por si mesmo.

Podemos melhorar nossa autoestima como quem constrói uma casa: primeiro precisamos construir os alicerces com material de qualidade, a base tem que ser sólida, e para isso vamos utilizar o respeito. Precisamos respeitar as pessoas e exigir o mesmo de cada uma delas, nem mais nem menos do que damos.

Na próxima etapa da construção, vamos utilizar os tijolos que irão compor as paredes da casa. Estes tijolos precisam ter dureza para aguentar as críticas e futilidades dos relacionamentos sociais, precisam ser revestidos com a argamassa da sabedoria e da humildade para fortalecer a estrutura da casa. Em seguida cobriremos nossa casa com as telhas da dignidade. Nós só podemos dar às pessoas aquilo que trazemos dentro de nós mesmos. O amor ao próximo só será possível se amarmos a nós mesmos.

Lembre-se de que você é como uma pedra preciosa: quanto mais for lapidado com boas qualidades, mais as pessoas conseguem ver seu brilho.

# Capítulo 11

# O motor da vida

"Se tiver confiança em si próprio, poderá ter confiança em mim, poderá ter confiança nas pessoas, poderá ter confiança na existência."

Osho, líder espiritual

Desenvolver a autoconfiança traz um significado muito especial para nossa vida, muda nossa relação com o mundo. Só conseguiremos crescer em qualquer área, seja no trabalho, seja nos relacionamentos, se conquistarmos a confiança das pessoas. Será praticamente impossível prosperar em qualquer área da vida sem ser confiável. Posso afirmar que primeiro precisamos confiar em nós mesmos, para podermos conquistar a confiança dos outros. Se eu mesmo não confio em mim, quem vai confiar?

Confiança é uma das qualidades que primeiro percebemos nas pessoas. Quando nascemos, sentimos esse poder nos olhos da nossa mãe e nos sentimos confortáveis e seguros nos braços dela, com a certeza de que ela

## Othamar Gama

vai saciar nossa fome. Sentimos a necessidade de confiar e levaremos essa necessidade até o fim da vida. Por isso, as pessoas desejam sempre se relacionar com outras que lhe passem segurança. Confiar nas pessoas e ser confiável será sempre uma competência que poderá levar pessoas ao sucesso ou fracasso.

A base de sustentação de qualquer relação, seja pessoal, seja profissional, será sempre a confiança. Ninguém se sente confortável em viver ou trabalhar com uma pessoa em quem não confia.

Confiamos em pessoas, em instituições, em projetos, em histórias. A economia também é pautada pela confiança, e tudo que realmente tem valor deve ser confiável, caso contrário, perde o valor. E por que estou falando em confiança quando este capítulo é sobre autoconfiança? Porque é confiando nos outros, e sentindo a confiança deles em relação a nós, que aprendemos a ter autoconfiança.

Por essa razão, devemos... depositar confiança em nossos filhos todos os dias. Em pequenas doses no início, com coisas simples para incentivá-los a conquistar objetivos simples em casa, na escola ou em atividades extracurriculares como esporte ou arte.

Todos nascemos com a competência da confiança, mas, infelizmente, quando somos crianças, os adultos que

## O motor da vida

nos amam com excesso de proteção nos transformam em pessoas inseguras, que não sabem confiar em si mesmas. Como isso acontece? Geralmente tentamos proteger nossos filhos de qualquer coisa que acreditamos ser perigosa ou desagradável para eles. Se uma criança sobe num muro, a grande maioria dos pais ou avós grita de longe: "Não sobe aí, você vai cair e pode se machucar!", ou então "Não corra porque você vai cair". O mais correto seria se aproximar, deixar a criança enfrentar aquele desafio e ficar atento para segurá-la caso ela caia.

Não devemos deixar uma criança perder a confiança nela mesma por excesso de zelo, pois isso vai impedi-la de ousar fazer qualquer coisa diferente e terá impacto muito negativo no seu desenvolvimento. Por isso ainda vemos tantas pessoas inteligentes, ótimas estudantes, que não se tornam bons profissionais, porque não confiam em si mesmas.

Gostaria que os pais lessem este capítulo com atenção, pois a competência da autoconfiança nos jovens depende muito das atitudes dos familiares. As crianças precisam perceber que os adultos confiam nelas. Repreendê-las quando dizem alguma bobagem na frente de visitas fará com que no futuro elas não tenham coragem de falar, temendo críticas. Estamos construindo a personalidade de

A base de sustentação de qualquer relação, seja pessoal, seja profissional, será sempre a confiança.

Não devemos deixar uma criança perder a confiança nela mesma por excesso de zelo, pois isso vai impedi-la de ousar fazer qualquer coisa diferente e terá impacto muito negativo no seu desenvolvimento.

# Othamar Gama

pessoas para vencer na vida e elas precisam confiar em si mesmas.

Pude observar na convivência com as crianças que participam do nosso projeto social que, talvez pelo fato de não serem submetidas a excesso de proteção, elas são mais autoconfiantes que outras crianças e têm mais garra e determinação para as competições esportivas e para a vida.

Vou ilustrar o que falei contando um episódio que aconteceu comigo e meu filho.

Othon era um garoto muito mimado, superprotegido em casa por seus familiares e pelos funcionários da casa, talvez por isso aos 8 anos ainda chorasse muito todos os dias na hora de ir para a escola. Durante todo o período de aula continuava chorando, só parava na hora de voltar para casa. Diversas vezes por semana ele era chamado para conversar com a psicóloga do Colégio Marista.

Ao perceber essa fragilidade, entendi que só em casa seria difícil ajudá-lo, então resolvi colocá-lo para praticar esporte na fundação. Pedi aos professores que o tratassem igual aos outros alunos, sem nenhum privilégio por ser meu filho.

No início, eu o coloquei para praticar judô, mas o deixei à vontade caso desejasse escolher outro tipo de esporte.

# O motor da vida

Depois de dois meses no judô, Othon pediu para mudar para o basquete, esporte que passou a ser sua paixão. Na quadra, aprendeu a trabalhar em equipe, conviveu com crianças de uma realidade social muito diferente da dele e que eram mais confiantes; começou a ter pequenas metas de desenvolvimento, como melhorar o arremesso e controlar a bola. Com o florescimento da paixão pelo esporte, Othon começou a desenvolver persistência para melhorar sua performance e descobriu que a única maneira de melhorar sua habilidade era por meio do próprio esforço.

À medida que sua habilidade aumentava, a autoconfiança e a autoestima também cresciam junto. Depois de um tempo treinando na fundação, ele começou a treinar no time do Colégio Marista e passou a participar de campeonatos estudantis.

O mais importante de tudo isso foi que aquele menino inseguro havia se transformado em um adolescente autoconfiante, determinado e centrado. As competências de autoconfiança e coragem adquiridas por meio da prática esportiva foram, sem sombra de dúvida, importantes no desenvolvimento do atual escritor e palestrante que já falou a uma plateia de mais de 10 mil pessoas.

Sabemos que a confiança precisa ser semeada, e ela, assim como uma semente real, cresce de dentro para fora.

## Othamar Gama

Lentamente, vai se desenvolvendo e com o tempo será percebida por todos. São pessoas confiáveis que formam instituições nas quais acreditamos.

Trabalhar autoconfiança é um desafio para nosso processo de autodesenvolvimento. Se alinharmos as qualidades que mencionei no início deste livro e pudermos agregar autoconfiança às nossas ações, poderemos transformar nossa vida, conquistar nossos objetivos com sucesso e transformar sonhos em realidade.

# Capítulo 12

# Solidariedade, uma bênção para a humanidade

"Se tiver confiança em si próprio, poderá ter confiança em mim, poderá ter confiança nas pessoas, poderá ter confiança na existência."

Osho, líder espiritual

Auxiliar o próximo e fazer o bem nos ajuda a desenvolver um poder fantástico. Posso dizer que da mesma forma que a lei da gravidade funciona, este poder também funciona.

Pouco importa se você acredita ou não na lei da gravidade, ela sempre vai existir e deve ser respeitada. Não adianta pensar que você pode pular de algum lugar alto e que não vai cair, pois a gravidade vai puxá-lo para baixo. Da mesma maneira funciona a "lei da solidariedade". Se ajudar qualquer desconhecido hoje, não precisa esperar agradecimento, você pode ter certeza de que um dia lá na frente alguém também vai ajudá-lo. Esta é uma lei imutável. Todo o bem que plantamos aqui, colhemos aqui mesmo.

## Othamar Gama

Hoje é cientificamente comprovado que uma das coisas que nos dá mais satisfação pessoal duradoura é ajudar as pessoas. Quando criamos o hábito de ajudar os demais sem esperar nada em troca, nos sentimos mais felizes.

Existem pessoas que passam a vida inteira esperando por ajuda, mas não se dispõem a ajudar ninguém. Essas pessoas querem ajuda dos colegas de trabalho, dos professores, dos familiares, e assim passam a vida esperando. Às vezes se revoltam porque as coisas não acontecem como queriam, mas não sabem elas que, no dia em que conseguirem mudar sua forma de agir e começarem a ajudar as pessoas desinteressadamente, começarão a perceber profundas mudanças em sua vida — e sua maneira de ver o mundo será completamente diferente. Também vão perceber como existe gente disposta a ajudar os outros e isso fará com que se tornem novas pessoas. Então, pergunto: quanto você estaria disposto a ajudar outras pessoas sem esperar por nenhum tipo de agradecimento?

Quando falo em fazer o bem, não pense que só quem tem uma elevada condição financeira pode fazer isso. Qualquer pessoa que queira fazer o bem terá muitas oportunidades em todos os seus dias. Tratar bem as pessoas, com respeito e consideração, é uma forma de fazer o bem, afinal todos gostam de ser bem tratados e

## Solidariedade, uma bênção para a humanidade

respeitados. Abrir a janela do seu carro para receber um papel de propaganda que alguém está entregando é uma forma de ajudar.

Podemos criar nosso "caderno de bondade" e anotar, diariamente, para quantas pessoas tivemos a oportunidade de fazer um favor. Se você estiver consciente de que isso é importante para seu crescimento pessoal, vai se lembrar de fazer favores.

Precisamos estar atentos às oportunidades de ajudar as pessoas. Elas vão aparecer em todos os momentos, na forma de um conselho, um incentivo, um aperto de mão, um olhar de aprovação, deixar alguém passar com o carro na sua frente, um ombro amigo, ajudar uma causa... Enfim, podemos contribuir de muitas maneiras. Precisamos cultivar em nós mesmos a qualidade de ser solidário com as pessoas, pois isso vai fazer uma grande diferença nos acontecimentos do nosso futuro, acredite! Essa decisão terá um impacto poderoso no processo de desenvolvimento pessoal e nos ajudará a consolidar todas as qualidades explanadas neste livro. Praticar a arte de fazer o bem o tornará uma pessoa mais desenvolvida espiritualmente e, consequentemente, mais feliz.

Se você quiser realmente ajudar uma pessoa, o primeiro passo é confiar nela. A importância de acreditar nas

Quando criamos o hábito de ajudar os demais sem esperar nada em troca, nos sentimos mais felizes.

## Solidariedade, uma bênção para a humanidade

pessoas, de apostar no seu potencial, tem um efeito surpreendente no processo de desenvolvimento humano, da mesma forma que surtiu um efeito positivo na minha vida e na vida dos alunos da Fundação Otacílio Gama, e também poderá transformar a vida das pessoas nas quais você acreditar.

Contei em capítulos anteriores como me tornei atleta de judô e quanto esse esporte influenciou minha vida. Tudo em função de uma atitude de meu professor, que acreditou que eu poderia me tornar um grande atleta.

Também falei sobre minhas lembranças da infância, de ver meu pai acreditando nos meninos de rua, e como isso foi importante para mudar a vida deles. A confiança e o respeito depositados em forma de oportunidade de trabalho, conselhos e motivação se transformaram em atitudes positivas para o desenvolvimento pessoal.

Hoje posso afirmar com convicção, após 20 anos da existência da Fundação Otacílio Gama, que o primeiro passo que serviu como elemento transformador na vida dos nossos alunos foi fazê-los *acreditar* que eles poderiam ser vencedores na vida. Se quiser realmente ajudar as pessoas, acredite nelas. Muitas vezes você vai se decepcionar, mas, quando acertar, sua satisfação vai suplantar todas as decepções. Não faltarão oportunidades para ajudarmos

### Othamar Gama

as pessoas, seja em nossa casa, na vizinhança, no bairro, na nossa cidade ou no mundo. Em qualquer lugar, podemos sempre ser mais solidários e fazer o bem, acredite! Se fizer isso, se tornará mais feliz e poderoso.

**Tome agora a decisão de ajudar as pessoas a fazer o bem.**

**Isso vai mudar sua vida.**

# Conclusão

Estamos iniciando uma viagem sem volta em direção ao futuro. Precisamos nos preparar para realizar nossos sonhos, para conquistar um lugar na galeria dos vencedores, das pessoas que são um sucesso em seus negócios, na família e nos relacionamentos.

Para embarcar nessa viagem precisaremos buscar dentro de nós mesmos as competências básicas para aproveitar ao máximo as oportunidades e saber lidar com as dificuldades que certamente surgirão.

As competências que exponho neste livro não são novidades para ninguém; todos já ouviram falar delas. Todos podem tê-las em maior ou menor quantidade, elas não são mágicas, mas podem produzir milagres na vida das pessoas. Essas competências serão responsáveis por todas as decisões que tomaremos daqui para a frente, como também foram responsáveis por nossas decisões passadas.

O que proponho nessa viagem em direção ao futuro é fazer uma reflexão e avaliar com nossa própria consciência as vantagens de assumir a construção de um futuro próspero, feliz e saudável para nós mesmos e para as pessoas que amamos. Nossa viagem começa *agora*. Coloque na sua mala o OTIMISMO e a FÉ – são essas competências que vão fazer você escolher o roteiro. Se você sonhar alto e acreditar que pode concretizar seus sonhos, estará determinando um objetivo grandioso para sua vida; você precisa estar disposto a pagar o preço e não pode esquecer de levar a *coragem* para ousar nos momentos mais difíceis, mas observe que a *fé* vai dar suporte ao *otimismo*, que vai apoiar a *coragem*.

Lembre-se, porém, de que nossos planos devem ser maturados e às vezes leva tempo para algumas metas mais ousadas serem atingidas. Será então preciso levar a persistência para esses casos. Não podemos desistir dos nossos sonhos, precisamos persistir. Existem forças acima do nosso entendimento que operam na natureza e que nos ajudam em todos os momentos. Precisamos continuar persistindo e o universo vai conspirar a nosso favor. Aprenda

## Conclusão

a gostar do que faz ou peça a Deus que lhe mostre um trabalho digno em que você possa ajudar as pessoas e também ganhar o dinheiro que vai fazê-lo feliz.

Leve também a sua *boa vontade*, pois ela ajuda a abrir os caminhos mais difíceis e criar grupos para trabalhar em sintonia com você. Lembre-se de que desistir não é uma opção; para nossa viagem em direção ao futuro, precisaremos estar preparados para enfrentar muitas dificuldades e vamos, sim, precisar da *resiliência*, uma das competências dos vencedores. Os vencedores perdem, mas não são derrotados, continuam em busca do sucesso e conseguem encontrá-lo. Não se esqueça de que na nossa viagem ao futuro todas as relações e atividades dependem da *confiança*. Não conseguimos ficar em paz quando somos obrigados a conviver com pessoas ou instituições em que não confiamos, por isso é imprescindível levar para o futuro a *autoconfiança*. Essa competência será a fonte que abastece a confiança das pessoas. Quando possuímos autoconfiança, dispomos de um poderoso componente para nossa viagem ao futuro, podendo então criar a base da confiança partindo de nós mesmos e encontrar o sucesso.

Se você deseja ser feliz na sua viagem para o futuro, não se esqueça de levar a *autoestima*, aprender a gostar de si mesmo. Essa será uma obrigação para quem deseja

## Othamar Gama

ter sucesso. Se você não gostar de si mesmo, não conseguirá gostar de ninguém; precisamos gerar o amor dentro de nós mesmos para em seguida poder expandir para as outras pessoas. Não é à toa que esse é o primeiro mandamento: "Amar a Deus sobre todas as coisas e ao próximo como a si mesmo".

Se está levando a autoestima para sua viagem, certamente levará também a *solidariedade* e, com essa competência mágica, você poderá olhar o mundo de uma forma diferente e o seu sucesso estará completo.

Lembre-se de que na viagem para o futuro estarão com você todas as pessoas que ama; todas as oportunidades que você deseja também estarão lá. Vá preparado e não olhe para trás! Boa viagem.

# Caderno das Competências

Outro dia, revendo minhas anotações antigas, li em um pequeno caderno algumas aspirações que tinha, ainda jovem sonhador. Ao lê-las, constatei que muito do que desejava realizar estava ali, escrito por mim, como uma previsão. Era tanta vontade e confiança que deu certo. Hoje desafio você a fazer o mesmo, com pequenas provocações. Coloque o seu sonho no papel. O Universo pode gostar da ideia e assinar um contrato com você.

Quais são, das nove competências, as que você reconhece possuir? Lembra-se de quais são elas? Boa vontade, coragem, persistência, otimismo, fé, resiliência, autoestima, autoconfiança e solidariedade.

.................................................
.................................................
.................................................
.................................................
.................................................

Quais são as competências que você mais precisa cultivar?

.................................................
.................................................
.................................................
.................................................
.................................................

Qual é o seu maior sonho?

.................................................................
.................................................................
.................................................................
.................................................................
.................................................................

O que você tem feito para aperfeiçoar seus talentos naturais e transformá-los em habilidades que podem fazê-lo se destacar?

.................................................................
.................................................................
.................................................................
.................................................................
.................................................................

O que tem feito para transformar suas habilidades em excelência?

..................................................
..................................................
..................................................
..................................................
..................................................

Você está pronto, com energia e fé, para operar as mudanças necessárias em sua vida?

..................................................
..................................................
..................................................
..................................................
..................................................

Este livro foi impresso pela gráfica Rettec
em papel pólen bold 70g.